Guiomar Magalhães

As duas vidas de Maria

1ª edição

Santo André - SP
Outubro / 2018

Ficha técnica:

Copyright © 2015 by Guiomar Magalhães

Dados Internacionais de Catalogação na Publicação (CIP)

```
Magalhães, Guiomar
    As duas vidas de Maria: de Londres ao Brasil,
histórias de uma mulher que nunca se vendeu... /
Guiomar Magalhães. - Santo André : Coopacesso, 2018.
    172 p.

    ISBN: 978-85-913313-0-7

    1. Espiritismo 2. Evolução espiritual 3. Mulher
I. Título.

                                           CDD-133.9
```

Índices para catálogo sistemático:
1. Espiritismo 133.9

Revisão: Eduardo Magalhães Rodrigues, Ricardo Magalhães Rodrigues, Ermelinda Aparecida Zaniratto e Sandra Maldonado

Capa: Da autora

Arte Final: Leonardo J. D. Campos

Produção editorial:

COOPACESSO
Cooperativa de Trabalho Acesso Cultural Educacional Sustentável Solidária
Avenida Queirós Filho, 2.690 - Sala 1 - Vila Guaraciaba,
Santo André-SP / 09121-587
(11) 9.9732-4278
www.coopacesso.org
coopacesso@coopacesso.org

As duas vidas de Maria:

de Londres ao Brasil, histórias de uma mulher que nunca se vendeu...

Pelo espírito de Maria Eugênia
Médium Guiomar Magalhães
Santo André, outubro de 2015

À minha eterna companheira,
Guiomar

Agradecimentos

Agradecer é um ato de amor. Sou profundamente grata aos meus pais que me permitiram estar aqui.

Aos meus filhos por caminharem ao meu lado.

Às pessoas que fazem perto de minha vida e direta ou indiretamente me apoiaram.

Agradeço à espiritualidade e a Deus, pois Ele é o princípio, o meio e o todo.

Guiomar Magalhães
Santo André, 16 de julho de 2015

*"Viver é a coisa mais rara do mundo.
A maioria das pessoas apenas existe"*

Oscar Wilde, escritor inglês

O mundo nos séculos 15 e 16

1430

Por volta desse ano foi inventada a imprensa por Johannes Gutenberg com a impressão da Bíblia.

1450

O Papa Nicolau V funda a Biblioteca do Vaticano, atualmente a mais antiga da Europa e cujo acervo supera 1,7 milhão de obras.

1453

Termina a Guerra dos Cem Anos iniciada no século 14 (iniciada por volta do ano de 1337) e que envolveu a França e a Inglaterra.

1477

Data da pintura de Melozzo da Forli, Biblioteca do Vaticano. Nomeação de Bartolomeo Platina para Prefeito da Biblioteca do Vaticano pelo Papa Sisto IV.

1478

Começa a Inquisição espanhola que vai até 1843.

1492

Europeus, representados por Cristovão Colombo, iniciam a exploração daquela que seria conhecida como América.

1494

É assinado o Tratado de Tordesilhas entre Portugal e Espanha para dividir as terras descobertas e por descobrir.

1497

Leonardo da Vinci termina a pintura *A Última Ceia.*

1500

A elite portuguesa começa a colonização, isto é, invasão e exploração do Brasil. No entanto, a colônia brasileira permanece abandonada nos primeiros 30 anos.

A colonização religiosa devastou a cultura indígena, o que facilitou a exploração econômica portuguesa.

1505

Leonardo da Vinci termina o quadro *Mona Lisa.*

1509

Henrique VIII torna-se Rei da Inglaterra.

1511

Rafael Sanzio termina a Escola de Atenas

O período conhecido como Renascimento (séculos XIV a XVI) representa um dos pontos mais altos do conhecimento humano. Foram alcançados avanços nas artes, ciências, história, física, matemática, medicina, astronomia, engenharia, filologia, filosofia entre outras áreas.

1513

Nicolau Maquiavel (1469-1527) escreve o livro *O Príncipe,* talvez a principal obra da ciência política até a atualidade.

1514

A Terra deixa de ser vista como o centro do universo com a teoria heliocêntrica do astrônomo Nicolau Copérnico.

1516

Thomas More em 1529 é nomeado chanceler (equivalente ao cargo de Ministro das Relações Exteriores) por Henrique VIII, cargo que exerce até 1532, quando se demite. Em 1534 é preso na Torre de Londres e no ano seguinte condenado à decapitação pelo mesmo Henrique VIII. Sua principal obra, *Utopia,* propõe a construção de uma sociedade justa.

1517

Martinho Lutero publica as suas *95 Teses* com as quais questiona várias partes da doutrina católica, dando origem à Reforma Protestante.

Prefácio

O aprendizado eterno é a rota segura para que nós possamos evoluir e crescer em direção aos caminhos da luz e do amor com Jesus. Uma das grandes bênçãos do Criador são as vidas sucessivas necessárias ao despertar do sono milenar de equívocos e do esquecimento de nossa filiação divina. Somos filhos de Deus que nos criou para a luz.

Ao ler as palavras de nossa amiga Maria, abrindo seu coração por inteiro, elevamos nosso conhecimento a partir de sua saga desde os fins da Idade Média, uma época tão fechada ao acesso das palavras de Jesus, o Cristo Planetário.

A experiência de nossa irmã nos alerta que temos um passado a acertar com as leis divinas, buscando aprender e praticar com Jesus "amar a Deus sobre todas as coisas e ao próximo como a si mesmo, não fazendo aos outros o que não queremos para nós".

"Conheci" nossa Maria na década de 1990, por meio do abençoado trabalho da querida irmã Guiomar.

Tenho muita gratidão e amor por elas, por tudo que recebi e recebo de auxilio, além do aprendizado de seu trabalho, descortinando novos horizontes na seara divina.

Deus ilumine sempre nossas amadas irmãs: Guiomar, Maria e Maria Flor.

Com meu coração e espírito ajoelhados frente a Jesus Cristo, agradeço a ele tantas bênçãos que recebo e as nossas três queridas que sejam sempre abençoadas.

De sua irmã e amiga de "sempre" e para sempre.

Neusa Dias Montevecchi
Betim, 01º de fevereiro de 2015.

Introdução

"As cortesãs, nós as temos para o prazer; as concubinas, para os cuidados de todos os dias; as esposas, para uma descendência legítima e uma fiel guardiã do lar."

Demóstenes, orador e político ateniense, século 4 antes de Cristo (a.C.)

"A prostituição nas cidades é como a fossa no palácio: tire a fossa e o palácio vai se tornar um lugar sujo e malcheiroso."

São Tomás de Aquino, filósofo, teólogo e padre do século 13

A Revolução Agrícola (ocorrida aproximadamente em 10 mil a.C.) foi vital para a humanidade abandonar o nomadismo e, portanto, poder se fixar em uma mesma região durante um tempo bem maior. Surgiram, assim, as primeiras comunidades sedentárias (clãs e aldeias) e com elas a sofisticação da produção, da arte, da cultura, da ciência, do trabalho, das religiões e de todas as relações sociais em geral.

Os estudos mais confiáveis mostram que *Uruk* foi a primeira cidade entre, aproximadamente 4.500 a 3.750 a.C. na região da então Mesopotâmia, hoje a cidade de *Warka* no Iraque.

O ponto de vista que nos interessa analisar aqui é o papel da mulher ao longo da história da humanidade. Ela sempre foi colocada a exercer funções consideradas secundárias? Sempre foi obrigada a se submeter ao homem? Como funcionava e como era vista sua sexualidade? Qual tem sido sua importância social?

A visão negativa da prostituta e subordinada da mulher nem sempre existiram. Durante extenso período eram muito respeitadas e cultuadas. A mulher e a prostituta possuíam *status* de divindade. Isso hoje nos parece absurdo, mas somente nos mostra que muito dos valores e costumes considerados bons, válidos e corretos mudam conforme muda a época e a região. As verdades absolutas, ao menos no mundo em que vivemos, raramente existem.

Desde a mais longínqua antiguidade, possivelmente antes mesmo do surgimento da espécie *Homo Sapiens* (mais ou menos 50 mil anos a.C.), a mulher já exercia na sociedade papel de destaque. Tratava-se da *sociedade matriarcal.* Nas sociedades matriarcais, as religiões também eram matriarcais. A mulher, principalmente a mãe, tinha sua imagem associada à fonte geradora da vida, da mesma maneira que a religião ou o mundo espiritual originavam e explicavam os seres divinos e estes a fertilidade da terra e tudo o que dela provinha. Ambos, mulher e religião, no sentido de possibilitarem a vida, se igualavam, e por isso detinham a mais elevada importância social, a mulher, portanto, era um ser divinizado.

Remonta às fases pré-históricas, possivelmente desde o Paleolítico Superior (aproximadamente 300 mil anos a.C.), o surgimento dos primeiros sentimentos religiosos. E desde essa data até as civilizações pré-helênicas (a principal delas teria sido a civilização cretense) por volta do ano 3 mil a.C. o mundo teria se fundamentado em sociedades matriarcais, quer dizer, em religiões onde a mulher era cultuada e de maior destaque em relação ao homem.

Ou seja, durante todo o percurso humano até o momento, em 98% da história (300 mil a.C. até 3 mil a.C. – é claro em datas aproximadas) a religião foi baseada na mulher e as sociedades eram matriarcais. A religião masculinizada e fundamentada em uma sociedade patriarcal corresponde somente a 2% de toda história da humanidade (3 mil a.C. aos dias de hoje).

Logo, durante quase a totalidade da História, religião, sexualidade, poder e sobrevivência da sociedade tinham como referência a mulher. Os homens, pobres coitados e futuros algozes das mulheres, ainda nem ao menos conheciam sua parcela na procriação.

Conforme já indicado, os primeiros seres divinos reconhecidos pela humanidade não eram masculinizados, mas sim grandes deusas. Uma das primeiras (ou a primeira) de que temos conhecimento era *Inanna*, depois chamada *Ishtar.*

Além das deusas que criaram e velavam o mundo, havia as sacerdotisas, cujo papel era o de comunicação entre a realidade terrena e a divina. Esse diálogo entre o profano e o sagrado ocorria especialmente por meio dos rituais, muitos deles mesclando aspectos e sentidos sexuais e religiosos. O homem que deles pudesse participar obtinha reconhecimento social. A mulher era, ao mesmo tempo, essencialmente sagrada e profana. A quem hoje nos referimos como prostitutas, conferindo-lhe o nível mais baixo e desprezível, durante milênios eram uma das figuras com maior importância social.

Tais ideias hoje nos parecem totalmente insensatas. No entanto, mais uma vez, aquilo que é correto ou não, aquilo que consideramos "pecado" é fruto da visão de uma sociedade patriarcal, masculinizada e católica. As visões de mundo correspondem a culturas específicas que mudam e que são alteradas com o passar do tempo. Desse modo, nada justifica o preconceito e a violência contra a mulher.

***

A primeira parte do presente livro se desenvolve entre aproximadamente 1450 e 1550 na cidade de Londres e arredores. Na segunda fase, mudamos para o Brasil nos primeiros 40 anos do século passado, tendo como localidades o nordeste brasileiro, principalmente o estado do Ceará e na sequência o litoral sul do Estado de São Paulo na região da cidade de Santos.

Esperamos que a presente obra, além de agradável, seja uma oportunidade de reflexão sobre a conexão entre os mundos e para a tolerância entre os diferentes. Que as diferenças não sejam transformadas em desigualdades, mas sim produzam uma sociedade mais rica, isto é, com maiores diversidades.

Excelente leitura!

Eduardo Magalhães, São Bernardo do Campo, julho de 2015.

Parte 1
Inglaterra

Felicidade dura pouco

"Na plenitude da felicidade, cada dia é uma vida inteira"

Johann Goethe, escritor e pensador alemão

Em uma pequena província da Inglaterra, por volta do século 15, estávamos vivendo um período em que os portugueses e depois os espanhóis, em busca de riquezas, empreenderam grandes expedições na esperança de atingir por mar as regiões do oriente.

Outras potências, seguindo exemplo dos portugueses e espanhóis, também realizaram explorações marítimas nos dois séculos seguintes, sendo as viagens financiadas tanto pelos reis como por ricos burgueses interessados em elevar os seus lucros com as novas colônias.

Foi o caso principalmente da Inglaterra, França e Holanda que tinham portos no Atlântico.

A família do senhor Leopoldo e dona Maria Cristina dava início a esta história. Eram camponeses e viviam da criação de ovelhas e do plantio de frutas e hortaliças. Este casal começou, como todos, a aproximação, o despertar do amor e a união, casaram-se ainda jovens e formaram uma bela família, tiveram nove filhos, eram pessoas simples como a terra e dela tiravam sua sobrevivência.

O primogênito chamava-se José, Leopoldina a segunda, Tereza a terceira, o quarto filho Genaro e a quinta filha eu, que recebi o nome de minha mãe, Maria Cristina. Depois vieram mais quatro, as gêmeas Lídia e Eleodora, a oitava foi Cinira e Clara a nona filha.

Vivíamos com muita simplicidade, em uma propriedade grande, situada em uma planície em meio a um vastíssimo campo todo gramado, tínhamos tudo para nossa vida, terra fértil e exuberante, sentíamo-nos protegidos e privilegiados pela natureza, e cedo todos nós aprendemos a lidar com a terra. A nossa casa ficava num local mais alto, a sua frente era toda de pedra, meu pai procurou construir como a de sua família, uma casa em estilo inglês, humilde, mas muito confortável e aconchegante. Era uma frente alta que lembrava os castelos e em vez de uma torre ele fez uma chaminé, muitas janelas, todas viradas para o nascer do sol. A porta de entrada era larga e descia uma escadaria que ia se abrindo para o terreno, e nessas escadarias ele fez floreiras e lá foram plantadas muitas flores coloridas e folhagem que caiam pelas escadas e davam um toque bucólico. As escadas também eram feitas de pedras. O entorno da casa era todo gramado e florido, cenário que se modificava sensivelmente no inverno. Nessa estação o gramado ficava todo coberto de neve, além de brilhar quando o sol batia. Ao abrirmos as janelas víamos a neve derretendo e essa visão enchia nossos olhos. Quando o inverno terminava, nós começávamos novamente a plantar as flores e a cuidar do gramado à espera da primavera.

Na entrada da casa, ao lado da porta e das janelas, meu pai construiu bancos toscos de madeira; existia também um caramanchão coberto de flores, fazendo do local um recanto sobremodo aprazível onde muitas vezes nos reuníamos ao entardecer. Neste caramanchão ele pendurou um sino, o qual minha mãe tocava; ela sempre dizia:

- Quando eu tocar o sino é para todos saberem que é o meu chamado!

Ao entrar na casa, havia ampla sala erguida por meu pai para abrigar a numerosa família que ele aspirava construir, com muitos filhos e netos. No fundo achava-se a lareira, toda revestida de pedras, e quando acesa, no inverno, aquecia todos os cômodos. No centro da sala havia uma mesa grande de madeira também construída por ele. Na outra extremidade encontrava-se um aparador, onde minha mãe colocava vasinhos de flores e no seu centro uma ânfora, presente dado a meus pais quando se casaram, cujas flores eram sempre renovadas. Existiam muitos móveis nessa sala, entre elas uma cristaleira, onde minha mãe colocava suas louças e que estavam sempre brilhando. Havia ainda duas portas; uma, ao abrir, dava em um corredor que ia para os quartos de dormir. As janelas eram viradas para a entrada da casa, construídas de forma que todos os cômodos recebiam a luz do sol. Na sala existia uma parede ampla onde foi colocado em destaque, um quadro com a pintura do retrato de meus pais. No corredor que ia para os quartos existiam muitos quadros que retratavam pessoas queridas, os nossos antepassados. Minha mãe dizia que devíamos guardar as lembranças dessas pessoas queridas em nossos corações com muito carinho.

A janela de meu quarto e de minhas irmãs se abria para o caramanchão, pela manhã eu a abria, me debruçava e sorria, a minha felicidade era grande pela visão majestosa que tinha. Quando eu acordava o sol já estava despontando e no inverno minha visão era a neve branquinha caindo.

A outra porta da sala se abria para o local onde minha mãe dizia ser um local sagrado, pois era onde preparava com amor e carinho a refeição de sua família, a cozinha. Em uma parede existia uma prateleira de madeira com todos os utensílios necessários pendurados, a janela era grande e com uma floreira agregada para que minha mãe pudesse plantar ervas utilizadas como tempero. Meu pai fez uma cobertura para a floreira com o fim de evitar que no inverno as ervas fossem queimadas com o frio. Existia ainda um terraço coberto na saída da cozinha com uma mesa grande, onde fazíamos nossas refeições nos dias mais quentes. Nesse local existiam muitas flores e vários canteiros com hortaliças e ervas medicinais para uso da família.

Não muito distante da casa tínhamos um galpão destinado às ferramentas e às colheitas. Também ali descansavam as ovelhas nas noites de inverno. Dispúnhamos ainda de alguns cavalos, vacas e de uma carruagem, que não era de luxo, e nos servia como o único meio de transporte para distâncias um pouco maiores.

Próximo aos galpões, meu pai construiu uma estufa, onde ele fazia as mudas para que depois fossem replantadas nos locais adequados. Ao longo dessa propriedade foram construídas várias cabanas para que pudéssemos nos abrigar durante as tempestades, quando estávamos nos campos a trabalho, assim como os animais. Ao lado de uma dessas cabanas, descendo, existia um riacho, com águas cristalinas, e no fundo dele estavam depositadas muitas pedrinhas que produziam uma leve melodia. Também junto ao riacho havia uma gruta, que foi feita pela natureza, e nela meu pai colocou uma imagem, deixada por meu avô, aonde sempre íamos levar flores e fazermos nossas orações. Nessa maravilhosa paisagem, um de meus trabalhos era levar as ovelhas para se alimentarem.

Quando eu nasci minha mãe contava que o parto foi difícil, pois eu era bem robusta. De qualquer maneira, ficamos bem e logo tive meu primeiro banho e minha primeira roupa, inteiramente rosa e confeccionada por ela. Minha mãe sentia que ia ser uma menina. Quando me entregaram a ela, eu com os olhinhos azuis, bem abertos, logo já fui procurar seu peito, porque eu era muito esfomeada. Ela disse que teve uma mistura de sentimentos, de alegria, emoção e também chorou de tristeza sem entender o porquê. Minha mãe me contou esse fato quando eu já era mais mocinha, ela teve muito cuidado para que eu não achasse que a minha vida iria ser triste e disse:

- Filha, eu acho que esse meu sentir não vai acontecer, você vai ser muito feliz, pois você é uma menina muito alegre. As pessoas alegres sempre buscam a felicidade para si. Você será feliz filha, tenho certeza!

Eu gostava de ouvir minha mãe contar sobre minha infância, ficava feliz. Ela dizia 'você é a minha menina dos cachos dourados'. Sempre fui uma menina muito peralta, entre as várias histórias que ela me contava lembro-me de uma ocorrida quando eu tinha uns três a quatro anos: quase me afoguei num tanque onde ela pegava água para regar as plantas. Era muito curiosa, me debrucei, caí e não conseguia voltar, se não fosse meu irmão eu teria morrido afogada, fiquei parecendo um pintinho molhado e assustado!

A minha família era bem heterogênea, meu pai tinha os cabelos escuros e os olhos castanhos, muito parecido com meu irmão mais velho. Minha mãe era branca, olhos claros e os filhos então nasceram misturados, uns saíram ao pai outros à mãe. As gêmeas não eram idênticas, uma era loirinha e a outra tinha os cabelos escuros.

Esse foi, na verdade, o período mais feliz de minha vida, mas a morte de nosso querido papai mudou tudo...

Eu me lembro da primeira refeição do dia, tomávamos o café da manhã com a família toda reunida, era uma festa, sentávamos à mesa da sala, e todos felizes e eufóricos falavam quase que ao mesmo tempo. Uns do que tinham sonhado durante a noite, outros do que iam fazer durante o dia de trabalho. Havia a impressão que estávamos nos preparando para irmos a uma festa!

Mamãe preparava alimentos para levarmos e os colocava em um bornal, para que pudéssemos nos alimentar durante o dia, pois trabalhávamos longe de casa. Ao terminarmos o café da manhã, minha mãe ficava na porta, juntamente com os pequeninos que ainda não saiam, e se despedia de todos um por um dando adeus até nós sumirmos de sua visão.

Eu gostava de mexer na terra, de ajudar minha mãe nos plantios das hortaliças, essa era mais uma das minhas tarefas, e alguns dias da semana eu ficava em casa com ela para esse trabalho. Eram os melhores momentos de minha vida, pois conversávamos o dia todo, ela me explicava como cuidar de cada hortaliça, de cada erva, me ensinava a cozinhar e me contava muitas histórias.

Quando fiquei "mocinha", nesse dia, não sai para as tarefas, ela me fez um bolo de amêndoas e disse:

- Hoje, Maria Cristina, você vai ficar em casa, pois é um dia muito importante, e quando todos retornarem do trabalho, nós vamos comemorar esse dia, e quando você estiver mais adulta conversaremos sobre outros assuntos.

Infelizmente não deu tempo de termos essa conversa, devido à tragédia que aconteceu em minha vida...

Minha mãe era muito habilidosa, achava que crianças tinham que se vestir com alegria, por isso ela mesma coloria os tecidos e as lãs. Havia uma senhora que morava nas redondezas e passou a ajudar minha mãe nas tarefas da casa, era uma pessoa silenciosa, aspecto austero pela forma como se vestia, mas era muito bondosa.

Quando isso aconteceu, já estávamos um pouco mais crescidos, lembro que foi ideia de meu pai, pois ele achava que minha mãe precisava de alguém para ajudá-la a cuidar de tantas crianças e de todos os afazeres da casa.

Eu gostava de pentear os cabelos de minha mãe, eram longos e ela fazia tranças e prendia no alto da nuca, cuidava dos seus e dos nossos cabelos, preparando ervas aromáticas em um líquido para enxaguar deixando-os macios e perfumados. Meus cabelos eram cor de mel, e meu pai sempre dizia à minha mãe:

- Nunca corte muito os belos cabelos dessa menina, eu gosto muito de afaga-los, isso me acalma...

Inocência violada

"Do fundo do coração, sei que nunca mais terei minha inocência outra vez"

Anne Frank, do livro "Diário de Anne Frank"

O clima na região onde vivíamos, antecedendo o inverno, era muito propício a tempestades e mudanças bruscas de clima. Num desses dias de tempestade, quando meu pai trabalhava na terra, foi surpreendido por um vendaval e uma chuva forte, com muitos raios e trovões. Tentando salvar as ovelhas, ao levá-las para um lugar seguro, um raio, tragicamente, o atingiu de maneira mortal. Foi um episódio extremamente doloroso que marcou profundamente nossas vidas. A sua morte chegou sem avisar, nos deixando marcadamente infelizes.

Por ter deixado ainda alguns filhos pequenos, minha mãe começou a ter dificuldades em lidar com a terra. A propriedade era grande e para que as plantações não se perdessem e a família não ficasse na ruína, veio nos ajudar e morar em nossa casa, Carlos, um sobrinho de meu pai que era mais ou menos da sua idade. Lembro-me que meu pai um pouco antes de morrer, conseguiu comprar uma boa parte daquelas terras, a outra parte, a maior, era propriedade de nobres. Eram arrendadas, ou seja, enquanto estivéssemos ali produzindo de acordo com a necessidade deles, poderíamos usufruir das terras.

Carlos chegou no momento em que mais precisávamos, distribuiu as tarefas, sendo cuidadoso, atencioso e prestativo, pois sem a presença de meu pai, ficamos todos perdidos. Meu irmão mais velho já estava noivo antes da morte de meu pai e algum tempo depois resolveu se casar, mas continuou morando conosco.

Minha mãe ficou na viuvez durante uns dois anos. Carlos cercava minha mãe de toda atenção, não deixou transparecer segundas intenções. Depois que meu irmão se casou, minha mãe reuniu toda a família e disse que Carlos a havia pedido em casamento. Como todos gostavam muito dele, houve uma aceitação geral. Eles se casaram em uma cerimônia simples em nossa casa mesmo, e nós passamos a tratá-lo com muito carinho, pois ele estava ocupando o lugar de nosso pai. Carlos não alterou suas atitudes em nenhum momento, tratava-nos com atenção e delicadeza. Talvez ele até me olhasse com outros olhos, mas eu não percebia nada. Ele sempre me elogiava como minha mãe também o fazia, me achava linda e isso me deixava feliz.

Não imaginava que ele já estava me olhando, não como filha e sim como mulher. Eles não queriam mais ter filhos, porque a família já era numerosa, ele dizia "só vamos esperar os netos". Carlos era um homem bonito, fisicamente ele até se parecia um pouco com meu pai, um homem forte, alto, saudável, ele conhecia muito bem os galanteios, pois viveu na cidade grande, talvez por isso tenha conquistado minha mãe.

Eu já estava com quase 15 anos, e sempre fui uma menina bonita e cheia de vida, nessa época meu corpo começava a tomar formas de mulher e a minha beleza chamava atenção. Mesmo sendo criada grosseiramente no campo e tendo que trabalhar muito, os meus encantos se tornavam cada vez mais evidentes.

Sempre fui feliz e gostava do trabalho que fazia, e na minha inocência não prestei atenção nos olhares e na aproximação de meu padrasto.

Em certo final de tarde, estava recolhendo as ovelhas no campo, porque fiz sempre isso em minha vida, vestida como uma camponesa e trazendo amarrado em minha cintura o sino que chamava os animais para se recolherem. Existiam várias cabanas, que meu pai construiu onde eram guardadas as ferramentas de trabalho e também onde nós nos recolhíamos, quando o tempo mudava bruscamente, nos escondendo do frio e das tempestades. Naquele final de tarde, estava distraída no campo recolhendo as ovelhas, envolvida com meu trabalho e pensando em voltar logo para casa. Naquele dia o meu irmão José, que já era casado e às vezes encontrava-se comigo para voltarmos juntos, não apareceu e acabei ficando sozinha. Estava começando a recolher os animais quando Carlos que eu considerava meu pai, se aproximou de uma forma que eu nunca tinha visto, com brutalidade e uma violência tão grande, me arrastou para a cabana e eu não tive como me defender, e gritando mandou:

- Tire toda sua roupa, eu quero vê-la nua! Não aguento mais sufocar meus desejos! Você será minha! Sua beleza me enlouquece!

Eu não entendi porque e chorando respondi:

- Mas eu não quero, vou-me sentir envergonhada, por que você esta fazendo isto comigo?!

Ele foi ficando enfurecido e mais uma vez gritou:

- Se não tirar, eu rasgo toda sua roupa!

Hoje entendo que ele queria me ver nua por sadismo. Ameaçou-me com o chicote gritando:

- Se não tirar a roupa vou deixá-la marcada com este chicote!

Não consigo descrever o que senti naquele momento, fiquei em pânico, meu corpo todo tremia de medo. Fui tirando peça por peça, ainda fazia frio naquela época do ano, mas o frio que eu sentia era dentro de mim, e ele gritando novamente mandou que soltasse os meus cabelos.

Segurou-me e jogou-me no chão, onde estavam minhas roupas e fez coisas comigo que eu nunca consegui me esquecer. Depois de saciar seus desejos me deixou caída no chão, montou em seu cavalo e saiu rindo sarcasticamente.

Chorei tudo que eu tinha para chorar, fiquei horas naquele sofrimento, me arrastando procurei um riacho que tinha logo abaixo da cabana e me banhei, entrei na gruta onde sempre íamos rezar, parei diante da imagem e perguntei:

- O que aconteceu comigo? Meu pai dizia que a vida seria tão boa, por que não me protegeu?!

Naquele momento eu perdi a fé, fiquei descrente daquela imagem e também de Deus. Depois desse acontecido eu nunca mais fui lá, acredito que por isso eu não gostava de igrejas e padres.

Isto que eu estou contando agora, eu não contei nem à Catarina como tudo aconteceu, eu me sentia tão suja que nem a água do riacho conseguiu me limpar.

Esqueci dos animais, a noite começou a cair e eu não encontrava forças nem coragem de voltar para casa. Imaginem como estavam os meus sentimentos e pensamentos naquele momento. Como eu iria contar isso para alguém, chegar a minha casa, olhar para aquele homem ao lado da minha mãe, sentado em nossa mesa sorrindo como se nada tivesse acontecido, saber que ele ia se deitar com ela, a pessoa que eu mais amava, iria tocar em seu corpo, em seus cabelos, como isso me doía. Eu tinha vontade de matá-lo, tudo aquilo me doía por dentro, fiquei cheia de marcas não só no meu físico, mas principalmente na minha alma e agora vocês podem entender o ódio que eu passei a sentir deste homem e de todos os outros.

Meu irmão José sentiu a minha ausência e foi a minha procura, me encontrou abalada e a única maneira de explicar sobre meu estado e a minha demora foi dizer que eu me assustei com uma cobra e o susto foi tão grande que eu me esqueci dos animais e não conseguia voltar para casa. Jamais alguém da minha família iria imaginar o que aconteceu comigo, retornei para casa com meu irmão sentindo medo, pois não sabia como encarar minha família e principalmente meu padrasto.

Por vários dias fiquei abalada. Perdi a vontade de me alimentar, de sair, fiquei como um bichinho acuado. E aí começou o meu tormento, na minha inocência aquilo tudo que aconteceu foi muito confuso em minha cabeça, pois até então eu nem sabia deste contato entre um homem e uma mulher. Fui ameaçada por ele, se contasse sobre o ocorrido ele usaria de artifícios para tirar a minha vida e que ninguém ficaria sabendo. Ele não mudou seu comportamento em casa, tratava minha mãe com carinho, cobrindo-a de atenção, era um hipócrita.

Ficava imaginando que de onde meu pai estivesse o que ele pensaria sobre aquela violência com sua princesa, pois era assim que ele me tratava. Lembrava que ele sempre dizia, 'filha você é perfeita, tudo em você é harmonioso'. Como gostaria que meu pai estivesse comigo naquele momento para me proteger, me confortar em seus braços. Mesmo minha mãe sendo muito amiga, eu não podia falar com ela sobre o acontecido.

Eu me sentida vítima da vida e a minha única reação era odiar aquele homem pela eternidade. Meu pensamento era encontrar um jeito de me vingar daquela pessoa que não merecia viver. O ódio que sentia me deu forças para continuar a manter as aparências.

Fuga para o inferno

"Em cada despedida existe a imagem da morte"

George Eliot, pseudônimo de Mary Ann Evans, novelista britânica

Fiquei ansiosa pela chegada de Catarina, uma senhora que vivia pelas províncias, visitando as famílias, levando ervas curativas, orientando as pessoas naquilo que ela podia. Desde muito cedo aprendi a gostar desta senhora, e não via a hora que ela passasse por ali para que eu pudesse conversar e de certa forma conseguir entender o que aconteceu.

Estávamos vivendo o período, já há alguns anos, da Guerra das Duas Rosas (1455-1485). Em busca da vitória, o poder real, representado pelas duas Casas, foi fortalecido. Consequentemente, os senhores feudais perderam poder político na medida em que este foi centralizado na realeza. Nesse novo período surgia também uma nova classe social, a burguesia. Esta igualmente levou vantagem em sua disputa com os senhores feudais, agora mais enfraquecidos.

Certa tarde, Catarina chegou perto da cabana e ficou me observando recolhendo os animais. Já havia se passado mais ou menos uns vinte dias do episódio, corri ao seu encontro e relatei a ela o que aconteceu, ficou muito indignada e disse que iria contar a minha mãe, eu fiquei desesperada e disse que não, pois tinha muitos irmãos e não saberia a reação deles com meu padrasto e o que isso causaria na família.

Foi aí que recebi a orientação, por meio de Catarina, que isto acontecia entre homens e mulheres e que era desta forma que os filhos vinham ao mundo.

Depois deste fato minha vida mudou completamente, eu deixei de ser aquela menina inocente e pura que vivia pelos campos alegre e feliz, brincando com as flores, com os animais e tomando banho nos riachos. Eu deixei de fazer tudo isso e me tornei triste, introvertida, insegura e com medo de falar.

Mas os fatos não acabaram por aí, o meu padrasto continuou a me assediar, pois tive que dar continuidade ao meu trabalho como se nada tivesse ocorrido. Pedia e implorava aos meus irmãos para que um deles me acompanhasse nas minhas tarefas, mas às vezes as tarefas eram tantas que cada um tinha que ir para um lado e não existia ninguém que pudesse ir comigo. Estava à beira do riacho, tão lindo que me deu tantas alegrias e novamente fui violentada pelo meu padrasto. Daí eu pensei comigo mesma "tenho que tomar uma providência, isto não pode continuar". Esperei novamente Catarina, fui me aconselhar com ela, não estava me sentindo bem, havia alguma coisa diferente comigo, e eu disse a ela:

- Catarina eu estou sentindo tantas coisas estranhas, tenho enjôos e não tenho vontade de me alimentar.

Com sua vivência ela já sabia o que estava acontecendo comigo e disse:

- Você está esperando um filho.

Esta informação foi um golpe violento, entrei em desespero, pois não tinha como dizer à minha mãe, esta notícia causaria uma tragédia na família, e na mesma hora disse a ela:

- Catarina eu vou embora com você, não tenho mais como permanecer aqui, vou lhe acompanhar pelo mundo.

Tomei a decisão de partir com Catarina, fomos para minha casa e às escondidas arrumei as minhas poucas coisas e esperei o anoitecer para partir com ela.

No dia escolhido para nossa partida fiz a ultima refeição junto com a minha família, despedindo-me de todos pelo pensamento. Procurei saborear cada detalhe, olhando um por um para guardar na minha lembrança com o maior amor que eu sentia. Não queria esquecer essa cena tão linda. Olhava para minha mãe e sentia uma dor tão grande de não poder dizer para ela o que estava em meu coração, o desespero que eu estava vivendo e o quanto esta partida estava sendo dolorosa para mim.

Neste dia procurei ajudar minha mãe muito mais nos afazeres da preparação do nosso jantar, e pedi a ela:

- Mãe faça aquele guisado, que gosto muito, estou com vontade.

- Eu fiz na semana passada, filha.

- Eu gosto muito, faça de novo para mim, estou com vontade.

E ela com todo seu carinho foi pegando os pertences e fomos juntas preparando o nosso jantar. Todos nós nos sentávamos naquela mesa imensa, e a minha mãe nos ensinou a agradecer o alimento do dia, o nosso trabalho e a nossa família. Foi muito especial para mim, e naquele dia eu pedi para fazer os agradecimentos.

Agradeci a todos e passei o meu carinho a cada um da família. Não entenderam o porquê, só eu e Catarina sabíamos o motivo, pois neste dia ela foi convidada a participar do nosso jantar, ela sabia o que ia na minha alma.

Terminamos com alegria o jantar, a noite estava festiva e ficamos conversando.

Aos poucos todos foram se recolhendo, pois madrugávamos para o trabalho. Recolhi-me como fazia todos os dias esperei que adormecessem, me levantei sorrateiramente e comecei a me despedir da minha família, olhava a cada um querendo gravar aqueles rostos em minha mente para sempre, e fui me despedindo de um por um, e disse para mim: "Hoje é a última vez que eu choro", fiquei um tempo maior olhando para minha mãe, gravando a sua fisionomia para nunca mais me esquecer, ela ainda abriu os olhos me olhou e disse:

- Ainda não dormiu filha?

- Não mãe, vim lhe dar boa noite mais uma vez.

Beijei o seu rosto, alisei os seus cabelos que estavam soltos naqueles lençóis brancos e sai de seu quarto. Caminhei pela casa, olhando para todos os móveis, cantos e gravei aquele ambiente na minha memória.

Anjo da guarda

*"Jamais se desespere em meio às sombrias aflições de sua vida,
pois das nuvens mais negras cai água límpida e fecunda"*

Provérbio chinês

Envolvi-me em meu manto, porque as noites eram muito frias, Catarina já estava a minha espera, me abraçou e disse:

- Coragem filha, vamos seguir o nosso caminho.

Parei diante da minha casa olhando tudo. Nem podem imaginar o sofrimento que eu sentia dentro de mim por deixar aquele lugar que eu tanto amava, aquelas pessoas que eram tudo em minha vida, porque até então eu não conhecia mais nada. E saímos pela noite adentro. Tínhamos o céu, as estrelas, o luar e o vento que soprava e eram testemunhos daquela minha partida com Catarina, sempre forte ao meu lado. Ela dizia:

- Filha, a vida às vezes nos prega peças em momentos em que a gente menos espera. Este é o seu caminho e você hoje está tomando uma atitude para que não cause nenhum problema aos seus irmãos, para que eles possam continuar as suas vidas. A sua presença vai ficar sempre entre eles, nunca irão te esquecer e você procure levar esta família no teu coração, mas o teu caminho agora é outro.

Caminhamos mais ou menos umas duas horas, encontramos um lugar onde existia uma cabana, nos recolhemos. Eu não conseguia dormir, o meu pensamento estava em minha casa com os meus, nem imaginava o que poderia acontecer dali em diante, o que seria de mim sem a minha família, minha mãe que eu tanto amava, onde eu buscaria conforto e paz não tendo-a mais ao meu lado. Catarina parecendo ler meus pensamentos disse:

- Eu estou aqui, nunca serei igual a sua mãe, mas o meu amor você sempre terá.

Senti que ao despertar nesta cabana, algo em mim estava diferente, já não era mais aquela menina feliz que acordava todos os dias sentindo a vida tão maravilhosa. O germe do ódio começava a despertar no meu ser, por mais carinho que sentia de Catarina não era o suficiente para suprir a falta da minha família que eu tanto amava. Trazer no meu ventre um ser que eu não desejava, fazia com que o ódio pelo meu agressor crescesse com tanta força, que eu não tinha controle por este sentimento.

Saímos da cabana, ainda pela madrugada, e continuamos a nossa caminhada, e conversando com Catarina, disse a ela:

- Eu não sei ainda o que é trazer um ser dentro do ventre. Para mim tudo é muito novo. Como poderei ser mãe se eu não aprendi nem o que é ser filha? Como será a minha vida? Eu não vou criar o meu filho nos mesmos campos, vivendo a liberdade que eu sempre vivi, o que será de nós?

- Deixe que a providência divina estará sempre com você lhe indicando qual será o seu caminho, acredite, no momento certo você saberá o que é que você vai fazer, não tenha pressa, primeiro se acalme e aceite sem desespero.

Caminhamos por mais algumas horas e encontramos pessoas que já estavam se conduzindo para o seu trabalho, nesse momento imaginei o despertar da minha família, me procurando. Era como se pudesse ver tudo, minha mãe me procurando para que fizesse a primeira refeição com a família para que depois cada um fosse fazer os seus deveres.

Catarina percebendo minha tristeza disse:

- Minha menina não deixe morrer em você este sentimento tão bonito que irradia nos teus olhos, no dourado dos teus cabelos por aquele episódio triste, você ainda terá momentos lindos na tua vida, porque Deus nunca nos abandona. Eu tenho certeza que Ele irá colocar pessoas na sua vida que farão você esquecer este passado triste.

Eu estava cansada e pedi a ela que parássemos um pouco, estávamos na primavera, o lugar era lindo, as flores desabrochando, deixando assim o local mais colorido e irradiando alegria. Paramos para nos alimentar, e quando ela abriu seu farnel, ai eu desatei a chorar, pois lembrei ainda mais de minha mãe, pois ela havia preparado todo aquele alimento para Catarina. Não consegui comer nada, parece que estava fechada para tudo, ela insistiu para que eu me alimentasse, mas não consegui. Levantamo-nos, recolhemos nossas coisas e continuamos a caminhar.

Ela escolheu um caminho que só ela conhecia, pois sabia que eu admirava a natureza, mas nada me tirava da tristeza que me abatia, já estávamos quase na metade do dia quando comecei a sentir dores. Estávamos nos aproximando de um pequeno vilarejo, onde ela conhecia a todos, paramos e fomos em busca de abrigo. Era uma casa onde ela sempre ficava quando passava por aquele vilarejo, fomos acolhidas por esta família e ela foi ver o que estava acontecendo comigo.

Começava a perder sangue, estava com sintomas de um aborto espontâneo. Fui levada a um quarto, me acomodaram em uma cama, ela vendo meu estado, foi em busca de ervas para preparar-me um chá e disse:

- Vamos passar a noite aqui, não vamos caminhar mais por hoje, você precisa repousar, e amanhã cedo continuaremos, pois a casa de meu amigo Jordan não está muito distante.

Na manhã seguinte, nos preparamos para partir. Eu não estava aguentando andar e a família que nos abrigou emprestou uma carroça para que pudéssemos chegar ao nosso destino, e assim que amanheceu partimos. Chegamos à casa de Jordan, já estávamos no meio do dia e ele nos recebeu com muito carinho. Catarina disse a Jordan:

- Eu lhe trouxe essa menina para que você cuide dela, seu nome é Maria Cristina, ela está precisando de cuidados que só você pode oferecer neste momento.

Catarina relatou a ele tudo o que eu estava sentindo, ele me olhou com seus olhos profundos como se estivesse lendo a minha alma. Naquele momento, todo sentimento que eu trazia represado dentro de mim explodiu de uma forma tão desesperadora, comecei a chorar descontroladamente, ele me abraçou e disse:

- Filha, venha.

Pegou em minha mão e me levou para a parte superior da casa onde ficava o quarto que passou a ser meu. Ofereceu-me uma cama macia e aconchegante, onde me deitaram para que eu pudesse ser examinada.

Ele me examinou cuidadosamente e disse:

- Vou recorrer à alquimia para ver o que posso fazer, e preparar um medicamento para tentar impedir o aborto.

Senti o amor e o carinho de Jordan, que naquele momento para mim era um estranho, mas que me transmitiu de imediato confiança, permitindo assim que ele me examinasse sem medo e constrangimento, apesar da violência que havia sofrido.

Naquele momento eu não estava preocupada com o que o Jordan iria fazer para evitar o aborto, pois o que eu queria mesmo era me livrar do ser que eu carregava em meu ventre, eu sentia "ódio", não queria aquele filho.

Durante a noite senti muita dor, e ao amanhecer foi constatado que eu havia abortado. Passei vários dias com febre e sentia muita fraqueza, mas com o passar dos dias eu fui me recuperando fisicamente, mas meu coração ainda sangrava, tive desses amigos tão importantes na minha vida neste momento, todo amor e carinho que eu precisava. Mesmo sem saber o que é ser mãe e não desejar aquela gravidez, fiquei abalada emocionalmente, senti esta perda, mas ao mesmo tempo me senti livre, porque não sabia se estaria pronta para receber aquela criança.

A minha recuperação foi lenta, quando Catarina viu que já estava tudo bem, me disse:

- Minha menina: agora vou continuar a minha caminhada e lhe deixar aos cuidados de Jordan. Sinta-se segura e acolhida por este homem, eu confio nele e por isso partirei tranquila. Ele vai oferecer a você tudo que está precisando neste momento, daqui a alguns dias voltarei para ver como você está, pois a partir de agora esta será a sua casa.

Abraçou-me e disse a Jordan:

- Deixo a minha menina aos seus cuidados, tome conta dela, faça com que o sofrimento se amenize com as tuas palavras, com o teu amor, ela está precisando deste amigo, deste pai que você é. Entrego-a em suas mãos para que você possa conduzi-la e amenizar o ódio que já desperta dentro dela.

E assim passei a fazer parte da vida de Jordan, pois ele me abriu as portas da sua casa e do seu coração.

Vingança e ódio

"Antes de sair em busca de vingança, cave duas covas"

Confúcio

Quando fui morar na casa de Jordan, ele já estava com seus 50 anos, cabelos compridos e brancos, barba longa, alto, forte, bondoso, era um grande alquimista e começou a me ensinar muitas coisas, inclusive a melhorar a leitura. Dei muito trabalho a ele, pois ficava calada e ele só me olhava com carinho, me convidava para fazer passeios pelos campos, mas nada me alegrava, meus olhos azuis e brilhantes ficaram escuros e sem vida, meus pensamentos estavam fixados na minha família e principalmente ligados a minha mãe. Eu sentia sua tristeza e isso aumentava a dor da separação. O tempo passou e aos poucos fui retomando a vida, passei a ajudar Jordan no seu trabalho, e acompanhá-lo nas suas andanças, estava voltando a viver. Foi quando comecei a me interessar pelo que ele fazia, e me dediquei a aprender tudo que ele ensinava, mas não tirava do meu pensamento e do meu coração o ódio que eu nutria por aquele homem, perdão era uma palavra que não exista no meu vocabulário, só vingança.

Da minha família só tinha lembranças, lembranças e muitas saudades, a distância que me separava deles era bastante grande, pois andamos vários dias até chegarmos à casa de Jordan, que ficava próxima da capital, Londres. Fiz Catarina jurar que nunca contaria a minha mãe o que havia acontecido comigo e nem do meu paradeiro.

Estava com 16 anos, e passei a viver ali com Jordan, Catarina continuou nas suas andanças, sempre retornando, trazendo novidades, voltando à minha província e trazendo notícias da minha família, do desespero de minha mãe por não saber o que tinha acontecido com sua filha. Eu implorava a Catarina para não dizer nada a minha mãe, não queria que ela passasse por tamanho sofrimento. No meu sentir achava que a dor seria menor pelo meu desaparecimento, do que saber o que realmente aconteceu.

Fiquei alguns anos com Jordan, me acostumei a ir à cidade, a andar pelas ruas, conhecer pessoas e a fazer contatos. Já estava bem mais esperta, mais vivida e experiente. Tudo o que ele podia me ensinar em relação à vida ele me ensinou, inclusive a trabalhar na manipulação das ervas e das plantas medicinais. Queria que eu aprendesse os segredos da alquimia. Passávamos muitas madrugadas pelos campos esperando o momento certo para colhermos as ervas, Jordan queria que eu aprendesse que cada planta tem seu horário certo de ser colhida e manipulada.

Ele era muito procurado pela nobreza, e com isso fui adquirindo conhecimento, a ter contato com pessoas ilustres, poderosas, senhores do exército, dos palácios e senhoras, que buscavam através dele formulas para que pudessem resolver os seus problemas.

Na minha convivência com Jordan eu procurava ser útil, participar, ajudar, colaborar em tudo que ele fazia, e um dos meus trabalhos era de entregar nos castelos e nas casas dos nobres as medicações que eram feitas por ele, e Lilico me acompanhava.

Lilico era um negrinho que Jordan criava desde pequeno, este menino foi abandonado em sua porta e ele o recolheu. Desde então Lilico passou a ser um auxiliar de Jordan em tudo que ele fazia, ele nutria por esse menino um carinho paternal.

Assim que cheguei à casa de Jordan, fui recebida também com carinho por Lilico, que procurou me ajudar com suas brincadeiras e alegria naquele período difícil da minha vida.

Depois que Jordan percebeu que eu já estava mais forte, pois já me via sorrindo, porque me sentia protegida e amparada por esta nova família, passou a me deixar sair sozinha, ou com Lilico para irmos à cidade. Nós tínhamos uma boa camaradagem, corríamos pelos campos, brincávamos nos riachos, prestando atenção em tudo que víamos pelo caminho, sentindo as plantas e admirando as flores. Eu andava como uma camponesa, ainda gostava de ter os pés descalços, sentir a terra onde eu pisava e quando nós chegávamos à cidade eu me sentia deslumbrada por toda aquela beleza, senhoras caminhando pelas ruas com suas roupas belas, os senhores bem trajados, aquilo tudo me deixava embevecida.

Dizia para mim mesma, um dia eu vou me vestir assim, serei uma dama, e falava para Lilico:

- Meu companheiro, um dia eu terei tudo ou mais do que esses nobres têm, serei rica e poderosa.

Foi numa dessas andanças pelas ruas da cidade, que passando diante de um castelo que estava abandonado, chegamos a entrar sorrateiramente e olhar seu interior. Vimos que estava tudo em ruínas, e eu disse a Lilico:

- Um dia este castelo será meu.

Ele ria muito e falava:

- Como você é pretensiosa, como é que você vai conseguir tudo isto?!

- Com a minha força de vontade e meu querer, um dia eu serei importante!

Quando retornávamos para casa, contava tudo isto a Jordan.

- Jordan, hoje eu conheci um lugar que um dia será meu, eu não sei como, mas vou conseguir, farei daquele espaço o meu castelo, lá eu vou imperar.

Ele sorria, me olhava com carinho e dizia:

- Será que é isso mesmo que você quer?

- Sim, porque é desta forma, conquistando tudo isto que eu vou poder me vingar.

Jordan com sua compreensão e amor me dizia coisas belíssimas, ressaltando a importância do perdão, e que eu deveria apagar aquele episódio da minha lembrança, dizendo:

- Você é muito bela e com a tua beleza você pode conseguir tantas coisas, mas primeiro sinta o perdão, não carregue este sentimento passado, pois só trará infelicidade para a sua vida.

E eu com a minha cegueira e a sede de vingança, retrucava:

- Não consigo e também não quero, meu sentimento de vingança é muito mais forte do que este perdão de que você tanto fala, tenho a certeza que não vou conseguir perdoar.

O castelo

*"Não odeies o teu inimigo, porque, se o fazes, és de algum modo
o seu escravo. O teu ódio nunca será melhor do que a tua paz"*

Jorge Luis Borges, escritor e poeta argentino

Os anos se passaram, tinha constantemente notícias de minha família, os meus irmãos se casando, formando família e minha mãe se definhando pela filha desaparecida, foi adoecendo, adoecendo até que não resistiu a tanto sofrimento e partiu para a espiritualidade, ainda jovem. Não tinha mais alegria para viver.

Numa tarde, retornando da cidade, eu estava um pouco indisposta e cansada, não sabia o porquê, uma tristeza muito grande invadiu meu coração, não voltei brincando como sempre fazia. Chegando em minha casa não quis fazer a refeição do dia e me recolhi cedo, só disse a Jordan:

- Estou muito triste, não sei o porquê, a lembrança da minha mãe está muito forte, não consigo esquecer um minuto sequer.

Todas as pessoas que eu olhava e tinha a impressão que a via, e isto foi me entristecendo ao decorrer do dia, não quero nada hoje, vou dormir.

Não conseguia conciliar o sono, minha mãe não saia do meu pensamento, sentia como se ela estivesse ali ao meu lado. Jordan subiu até o meu quarto, levando-me uma xícara de chá, bem quentinho, sentou-se ao meu lado na cama e disse:

- Tome este chá, você vai se acalmar, esta tristeza que esta sentindo é natural. A lembrança de sua mãe nunca irá se apagar, é por causa da saudade que você esta assim, faça uma oração e envie a ela.

Fiz o que Jordan pediu e consegui dormir, um sono tumultuado, sonhei que eu estava em minha casa, só que eu senti o ambiente muito triste, meus irmãos choravam, aquele ir e vir, pessoas diferentes na minha casa, vi minha mãe recolhida em seu leito muito pálida, magra e chorava muito. Pela manhã acordei desesperada e relatei a Jordan o sonho que eu tive, e ele me abraçando falou:

- Como já lhe disse, são suas lembranças, sua saudade e a preocupação com seus familiares, quando estamos distantes das pessoas que amamos a tendência é de termos pensamentos ruins. Procure tranquilizar-se e pensar em Deus, tudo fica mais leve, mais claro quando nos envolvemos nesta luz.

Apesar de todo emprenho de Jordan, não me senti tranquila, mas não tinha como saber o que estava ocorrendo com a minha família, só me restava esperar Catarina trazer notícias. Esperei com muita ansiedade a chegada dela, o que demorou alguns meses. Quando ela chegou veio com a triste notícia que minha mãe havia partido para a espiritualidade, e foi justamente naquela noite quando eu estava tão triste e não sabia o porquê. Foi a noite que ela morreu. Fiquei por alguns dias profundamente triste e aos poucos fui retomando a minha rotina.

Nas minhas andanças pela cidade, na companhia de Lilico fazendo as entregas das medicações preparadas por Jordan, chegamos em uma belíssima casa, sendo recebidos por um jovem muito bonito e elegante de nome Leonardo que ao me ver ficou extasiado com a minha beleza, querendo saber onde eu morava, respondi:

- Eu moro e trabalho com Jordan.

O rapaz ficou muito interessado em mim e nos chamou para entrar, coisa que ninguém fazia, pois sempre nos recebiam pelas portas dos fundos, e nos serviu guloseimas, nos recebeu muito bem.

Retornamos para casa e comentamos o fato com Jordan, passando alguns dias, Leonardo foi à minha procura. Várias vezes ele foi à casa de Jordan e fazia questão da minha presença. Certa noite, depois que ele se retirou, Jordan me chamou e disse:

- Eu tenho uma notícia a lhe dar, não sei se vai lhe agradar, Leonardo lhe pediu em casamento, e está disposto a se desligar de sua família caso não aceitem o casamento, ele quer fazer de você uma nobre.

Ao saber do interesse de Leonardo por mim fiquei irritada, eu esperneei, gritei, esbravejei feito louca, pois eu não me imaginava vivendo em casamento e disse a Jordan:

- De forma nenhuma, eu não aceito, já disse para você que nunca vou me casar.

Ele usou de todos os argumentos e completou:

- O que vai ser de você minha filha? Um dia eu vou embora!

- Não, Jordan você não, você não vai me deixar nunca, pode dizer a Leonardo que não aceito seu pedido. Fui para meu quarto e não falei mais sobre o assunto.

Depois desse fato percebi que estava na hora de decidir minha vida, e certa noite sentei-me com Jordan e falei sobre meus planos, dizendo a ele que em breve pretendia partir e cuidar da minha vida, me tornar uma mulher poderosa e fazer com que todos os homens que se aproximassem de mim fossem submissos ao meu poder e a minha vontade. Terei todos aqueles que eu quiser e descartarei no momento que não forem mais úteis, ter apenas para usá-los. Eu não consigo pensar diferente, já tenho uma meta, e só penso em alcançá-la. Nunca te esquecerei, Jordan. Pode ter a certeza que você é a pessoa que mais amo no mundo, mas apesar deste amor e a gratidão que sinto por você, nada vai me tirar do meu objetivo, eu vou alcançá-lo.

A partir deste dia essa ideia se tornou fixa, era o meu único objetivo. Conhecia muitas pessoas da nobreza e também eu já estava mais experiente. Nesta fase da minha vida lia e escrevia corretamente e já tinha muitos conhecimentos, porque sempre fui atenta a tudo. Observava as senhoras da nobreza, suas maneiras de vestir, seus costumes e hábitos. Sentia-me pronta para cuidar da minha vida e conversando novamente com Jordan e expondo minhas ideias,

E ele apesar de triste disse:

- Já que você tem um objetivo, e não é do meu feitio tirar as pessoas do seu caminho, lhe darei uma ajuda financeira, pois não consegui convencê-la do contrário.

Ele me deu uma quantia razoável para que eu começasse a minha vida, e fui rumo à cidade. Chegando à cidade com poucas roupas, me instalei numa hospedagem simples e disse para mim mesma, aqui vou ficar até conseguir tudo que eu quero. Na manhã seguinte, fui comprar roupas e cuidar da minha aparência, eu era uma mulher bela, sabendo disso procurei explorar mais ainda a minha beleza. Comecei a procurar os proprietários do castelo abandonado, aquele que um dia disse a Lilico que seria meu. Com a ajuda que recebi de Jordan dava para comprá-lo e iniciar um comércio, pois o castelo precisava de restauração e por isso consegui fazer um bom negocio. Contratei pessoas para que pudessem fazer o trabalho de restauro e assim que ficou pronto me instalei.

Existia um belo salão, onde os antigos proprietários usavam-no para receber seus convidados.

Fora do castelo procurei manter as cores externas para não ficar diferente das outras construções. A frente do castelo era cheia de janelas e vitrais, as escadas da entrada eram de pedras e com poucos degraus, que davam numa porta larga com duas folhas de madeira bem trabalhadas. O castelo tinha dois andares mais um sótão.

No salão principal existiam oito janelas (retangulares e com bicos) nas cores ocres, acima das janelas existiam desenhos em relevos de folhagem nas cores branca, laranja e ocre.

No piso superior existiam doze quartos, com lindas janelas que davam vista tanto para a frente como para a parte de trás do castelo e acima dos quartos existiam duas torres onde ficava o sótão. Entre as duas torres existia um telhado que unia os dois sótãos.

Na frente do castelo havia um pequeno jardim todo gramado que o separava da rua, o jardim maior ficava nos fundos do castelo.

Ao abrir a porta principal existia um pequeno espaço antes de chegar ao salão, onde fiz algumas mudanças e ficou sendo a chapelaria, seu piso era de madeira e logo em seguida o salão com toda sua beleza. O que se destacava no salão era o lustre, muito grande, todo de cristal, lindo. Como não existia luz elétrica nesta época, eram colocados nas pontas lampiões, nas paredes existiam candelabros iluminando todo o ambiente, cortinas de veludo vermelho e rendas que iam até o chão, nas cores rosadas e que às vezes eram trocadas por rendas brancas. Em alguns pontos do salão existiam aparadores do mesmo estilo das escadas, em madeira, onde eu sempre colocava flores e candelabros, que eram usados para descanso das taças. O piso era de mármore na cor clara, onde as colunas que existiam no salão eram da mesma cor. As mesas e cadeiras eram todas forradas combinando com a decoração das cortinas e das tapeçarias que havia nas paredes, no canto do salão ficava a escadaria de madeira acompanhando a cor da entrada; era bem larga, fazia uma curva até chegar ao piso superior. Complementando a decoração do salão, uma belíssima lareira. Existia outra sala, a de jantar e depois a cozinha, e nos fundos do castelo havia um lugar lindo, com muitas flores, arvores, bancos, onde nos sentávamos sempre.

A escada que dava para o piso superior ficava à esquerda de quem entrava no salão, subindo as escadas existia um *hall* de onde saiam dois corredores que iam para os quartos.

Lá em cima onde era o sótão, depois de algum tempo que já estava instalada no castelo, fiz o cassino, as mesas todas cobertas com feltro vermelho, tudo muito bem decorado, com quadros e tapeçarias. Para complementar esta decoração requintada servíamos champanhe, vinhos e alguns quitutes em taças de cristais, pratarias, porcelanas e guardanapos de linho, tanto no salão quanto no cassino.

Os quartos eram todos bem decorados com muito luxo, o meu era o maior, com uma cama enorme, estilo Luis XV, de ferro. O que se destacava em meu quarto eram as cores vermelho e dourado; mandei fazer um arco em ferro e lá pendurava todas as minhas roupas e abaixo os calçados, um aparador com espelho, onde ficavam meus perfumes e minhas jóias. Só entrava em meu quarto quem eu permita. No andar superior, desativei um quarto e fiz ali uma sala de negócios, onde recebia os mercadores.

Terminada a restauração olhei para tudo extasiada ao ver quão belo ficou o castelo e pensei: "Aqui eu vou fazer a minha fortuna, receberei os homens da nobreza". Comecei assim, a saborear a minha vingança.

A partir deste dia comecei todas as noites a acender as luzes, abrir as portas, contratei músicos despertando a curiosidade dos transeuntes. As pessoas não entendiam muito aquele movimento, elas passavam curiosas, com receio de perguntar, mas era isto mesmo que eu queria, que ficassem curiosos e perguntassem, o que será que vai ser aí?

Depois de muito tempo, tenho a certeza que poderia ter mudado a minha história. Vivia a ilusão do Poder achando que fui vítima. Agora sei que a única responsável fui eu, assumindo o que fiz e acreditando na dor.

A vida nos ensina quando nos permite viver com as nossas escolhas. Demorei o tempo necessário para despertar e descobrir que sou um ser em evolução em busca do sol que brilha em todos os seres.

Cortesã da nobreza

"Tudo nesse mundo é sobre sexo exceto sexo. Sexo é sobre poder"

Oscar Wilde, escritor inglês

E assim começou meu trabalho, saía pelas ruas à procura das moças da noite, propondo a elas um lugar para viver, para continuar seu trabalho e saírem das ruas. Escolhia muito bem, buscando moças jovens e bonitas. Com tudo que eu oferecia, não dava para perder esta oportunidade, em uma noite eu consegui levar cinco moças para o meu castelo. Na noite seguinte elas já estavam todas bonitas à frente do castelo se oferecendo ao público que passava. Nesta primeira noite recebemos dois clientes que se interessaram pelo local e outros curiosos foram se interessando. A oferta era muito tentadora, moças bonitas a disposição, e estes dois foram muito bem tratados para que pudessem fazer a propaganda do nosso estabelecimento.

A minha fama foi crescendo, fui ficando conhecida, comecei aí a minha vida de cortesã, juntamente com minhas companheiras, mas tinha em mente alcançar a fortuna e o poder, era só isto que eu queria, espezinhar a todos os homens que ali aportassem, pois a aversão que sentia por eles era muito grande, o ódio que sentia, apesar de todo o ensinamento que recebi de Jordan, pessoa tão maravilhosa, de nada valeu, principalmente depois que eu soube do desencarne da minha mãe. Responsabilizei Carlos por mais este episódio da minha vida, o ódio cresceu ainda mais. Jordan trabalhou muito comigo tentando tirar esse meu desespero, mas tudo foi em vão.

A minha primeira noite no cabaré foi com Leonardo, o jovem que me pediu em casamento, quando vivia na casa de Jordan. Eu o escolhi, por ser um homem educado, bonito e muito charmoso, e principalmente porque era muito rico. Eu cumpria o trato que fiz comigo mesma, nunca daria amor a nenhum homem apenas o envolveria até tirar toda a sua fortuna. Leonardo como estava comprometido com outra jovem, frequentou por algum tempo o cabaré e quando viu que estava perdendo muito dinheiro se retirou e nunca mais voltou ao castelo. Ele foi o primeiro homem onde eu comecei a fazer a minha fortuna crescer. Passei a ter contato com os nobres, aumentando cada vez mais a minha riqueza. Enlouqueci muitos homens, desfiz famílias, queria vingança por tudo aquilo que me aconteceu, eu não tinha escrúpulos para manipular os homens da maneira mais vil: consegui alcançar meu objetivo. As minhas pupilas, como eu as chamava, eram tratadas como princesas, sempre tive muito amor e carinho por elas.

Passado algum tempo o meu poder aquisitivo tinha crescido bastante, era dona de uma pequena fortuna, o meu castelo reluzia em brilho, luz e música. Nesta época, orientada pelos nobres, abri em meu castelo um cassino belíssimo, com estilo e luxo, onde os nobres residentes na França, e também da Alemanha, aportavam ali.

Quando abrimos o cabaré veio uma senhora em busca de trabalho, com mais ou menos 30 anos, com uma filha pequena, que perambulava pelas ruas e me pediu se eu poderia ajudá-la. Ela disse:

- Eu não sirvo mais para esta vida de prostituição, mas eu quero e preciso trabalhar.

Simpatizei-me com ela, Leopoldina era seu nome, e lhe disse:

- Já está empregada, já faz parte do nosso grupo.

Ela chegou em um momento que eu estava precisando de alguém que cuidasse das minhas coisas, era uma mulher bonita, mas não tinha perfil para trabalhar no cabaré, seu comportamento era suave, quieta, quando se manifestava, só dizia coisas sensatas, não era de se intrometer, não opinava nas minhas atitudes, simplesmente respeitava. E assim ela foi me conquistando, aos poucos foi mostrando que era uma pessoa fiel e de confiança, ela cuidava de tudo. Leopoldina trazia dentro de si uma tristeza muito profunda, mas ficava muito à vontade com as crianças, e até sorria. Sempre foi uma pessoa que tratava as moças com muita atenção, respeito e carinho, dizia:

- Eu serei eternamente grata a você, não me importa o que você faz, só sei que seu coração é grande.

Leopoldina não me deixou nem para ficar com a filha Laura, quando ela se casou, permaneceu sempre ao meu lado.

Depois de algum tempo que estava conosco, ela contou sua história. Morava no campo e se casou com o pai da Laura, o qual dizia que tinha uma casa na cidade e estava bem de vida. Foram então para esse lugar que ficava bem distante de tudo e de todos, mas não demorou muito, logo a abandonou por outra. Ficou assim, sozinha com uma filha para criar e em um lugar desconhecido. Tendo de sobreviver foi me procurar mesmo sabendo das nossas atividades, mas com o passar do tempo ela se adaptou.

Existiam no castelo outras dependências e ela ficou tomando conta da minha casa particular e de todas as minhas coisas. E eu disse a ela que poderia ficar com sua filha, que estava nesta época com seis anos, magrinha, miúda e sofrida. Leopoldina passou a ser a minha companheira e confidente.

Eu fazia sempre as minhas visitas ao meu amigo Jordan, onde me aconselhava, e ele com seu jeito peculiar, seu carinho tentava persuadir-me da minha vingança, mas nada me removia, eu tinha um pensamento obsessivo de pisar e destruir todos os homens que se aproximassem de mim e foi com essa ideia fixa que segui a vida.

Tive alguns contatos íntimos com alguns clientes do cabaré, mas a experiência foi desastrosa, me trazia recordações dolorosas, por esse motivo expulsei muitos do meu quarto.

Deixei muitos nobres na miséria, um deles foi o Conde Peter que vivia no palácio imperial, porque lá ele executava trabalhos e existia um grau de parentesco com o Rei da época, que também visitava nosso cabaré e o cassino.

Para que esses nobres chegassem até o meu castelo, eles usavam outros caminhos, pois todo palácio sempre teve as saídas estratégicas, para que pudessem frequentar a noite sem serem percebidos.

A primeira das seis esposas do rei Henrique VIII, Catarina de Aragão (viúva de Henrique VII aos dezesseis anos), não conseguiu manter suas gravidezes e, após vários abortos, deu à luz um filho.

Nomeado Príncipe de Gales, infelizmente o rebento viveu apenas alguns meses. Henrique VIII, insatisfeito, pediu a separação, precisava necessariamente de um filho para dar continuidade à hierarquia, fazendo o sucessor. O Papa Clemente VII não permitiu a separação, e a pretexto disto o Rei ficou contra a igreja e resolveu criar a Igreja Anglicana, que se tornou popular e concorrente da igreja Católica Romana.

Henrique VIII rompeu com o papa, incorporou os bens da igreja católica e mandou executar clérigos católicos, afastando a influência papal na Inglaterra.

O parlamento votou o ato de supremacia pelo qual o rei foi reconhecido como único chefe da igreja da Inglaterra com os mesmos poderes que possuía o papa.

Dessa maneira, o Rei conseguiu separar-se e realizar o seu novo casamento com a mulher que poderia lhe dar filhos, Ana Bolena. Sua irmã, Maria Bolena, acabou se tornando amante de Henrique VIII.

O Rei sempre nos visitava, e em uma dessas visitas noturnas este nobre senhor trouxe com ele o conde Peter, um loiro bonito, que ficou completamente enlouquecido pela minha beleza. E eu com os meus dotes, a minha esperteza e a minha vontade de vingança enredei esta criatura de uma forma tão violenta que ele não teve como sair. Esta nossa ligação chegou ao palácio através dos fuxicos.

Certa tarde eu tive a visita de um clérigo da igreja que veio tentar persuadir-me para que deixasse o conde livre, pois tinha família. Além disso, acusou-me dizendo que eu era uma devassa e que ele iria me expulsar daquela região por conta de sua influência. Eu o afrontei dizendo:

- Faça o que você quiser porque eu não tenho medo de seu poder, com certeza vou usar o meu e se eu quiser acabo com você antes que você pense em acabar comigo, e não vou desistir do conde.

O conde Peter, que já havia se tornado um "escravo" dos meus encantos, não queria sair deste envolvimento. Quando eu tirei toda a sua fortuna, deixando-o na miséria, sua esposa, com os filhos, voltou para sua terra natal, e ele continuou morando de favor no palácio. O conde já não tinha mais nada, por isso não me interessava mais. Como esse caso do conde, vivi muitos outros, alguns breves, porque os homens percebiam e saiam quando viam que estavam perdendo demais, mas o conde Peter não desistiu, pois tinha uma verdadeira obsessão por mim.

Cansei-me dele, comecei a descartá-lo, não lhe dava atenção, deixava-o num canto, com o meu desprezo ele se envolveu muito mais com a bebida, ficava nas mesas pegando os restos dos nobres e eu nunca tive a mínima piedade por ele.

Certa noite, já quase amanhecendo o dia, depois que o cassino e o cabaré fecharam, eu me recolhi aos meus aposentos e o conde entrou desesperadamente implorando que eu lhe desse atenção. Conversei, tentei dispensá-lo, mas não houve jeito.

Eu tinha muitos serviçais, que cumpriam minhas ordens regiamente, apenas pedi, com um gesto, eliminem-no e façam de uma forma que não deixe rastros, eu pagava muito bem aqueles que me serviam. Ele foi levado e, depois de morto, foi jogado nos fossos a volta do castelo. Seu corpo foi encontrado e sua morte foi atribuída ao seu vício, e não teve muita importância porque os nobres não tinham tempo de se preocupar com aqueles que não lhe davam nada, e ele já era um pária da sociedade, um resto e assim terminou sua vida.

Depois deste episódio com o conde, o mesmo Bispo volta a perseguir-me, e a guerra ficou ferrenha entre mim e a igreja. Só que eu tinha uma força muito grande do meu lado, meu castelo não podia fechar as portas, porque era de muita serventia a toda a nobreza, e tive muita ajuda do Rei para que não fechasse.

O Bispo foi transferido para outro local bem distante para que não me perturbasse mais. Essas trocas de favores custavam caro e paguei uma grande fortuna ao Rei para tirar esse empecilho do meu caminho.

Bons e maus mercadores

"O comércio é, na sua essência, satânico"

Charles Baudelaire, poeta francês

Houve um tempo de grande prosperidade, quando tive tranquilidade para trabalhar. Estávamos vivendo o início da década de 1490 e os negócios progrediam consideravelmente: os jogos de azar, o tráfico de drogas, a venda de bebidas e a prostituição sempre foram um mercado altamente lucrativo. Apesar de oficialmente serem ilegais, somente existiam e existem porque são mais do que tolerados pelas autoridades: de uma forma ou de outra geram impostos e incrementam as receitas de muitos setores da economia. Sendo assim, mesmo constituindo práticas condenadas pela sociedade, esta faz vistas grossas e permite que se fortaleçam com desenvoltura. Além disso, nossos serviços, principalmente os oferecidos pelas profissionais do sexo, servem e sempre serviram como um tipo de válvula de escape à corrompida e hipócrita moral vigente. Exercíamos atividades consideradas ilícitas, mas que, na verdade, estavam perfeitamente integradas à economia. Sabe-se hoje que o crime organizado em nível mundial representa riqueza mais poderosa do que os recursos da maior parte dos países.

Nessa época, conheci um mercador de bebidas, drogas e escravas brancas. Ele fornecia mulheres belíssimas trazidas da França, Alemanha, Espanha e também abastecia meu palácio com todos os condimentos, especiarias, cristais, iguarias, porcelanas, vinhos, sedas, castiçais e tudo o mais, da melhor qualidade, para que eu pudesse oferecer excelência a quem estivesse disposto a pagar muito. César era bem-apessoado e forte, parecia um *viking*. Sabia também escolher produtos refinados e administrar seu comércio com organização e cuidado. Tinha uma equipe estruturada, inclusive com membros responsáveis por sua segurança.

Quando eu fazia negócio com os mercadores não havia envolvimento pessoal, deixava isso muito claro, sempre fiz muita questão de manter distância. César vinha a cada dois ou três meses trazendo novidades que muito interessavam em meu estabelecimento. Tornamo-nos amigos, apesar dele não ser uma pessoa de bons princípios, pois tudo que fazia era em busca de fortuna e poder. O mercador mantinha, com uma das profissionais do castelo, Dóris, uma relação íntima. Para ele, no entanto, era mais uma, mas para ela foi um amor muito grande.

No começo ele a cobriu de joias e presentes, usou-a o tempo que lhe foi conveniente e dessa relação ela acabou engravidando. No meu cabaré havia regras, as que engravidassem ou se retiravam ou retiravam a criança. Como Dóris não tinha para onde ir e não queria se afastar de seu amante, me pediu então para preparar uma alquimia abortiva. Eu não tinha escrúpulos nesse sentido; fiz, mas ela não resistiu e morreu. Essa situação criou desconforto em nosso trabalho, visto que as outras se condoeram com o ocorrido. Eu, mesmo amorosa, continuava muito determinada e, ditadora, disse:

- Que isso sirva de lição a todas! Cuidem-se para não passarem pela mesma situação! Vocês sabem que as mulheres que têm a vida como a nossa não possuem o direito de ser mãe, não podem pensar nisso e nem se apaixonar!

Depois de pouco tempo, tudo se acalmou e a rotina voltou.

César, o mercador, começou a ter problemas em suas transações realizadas nas regiões espanholas. Naquela época, seu principal monarca, Rei Fernando II de Aragão, preocupava-se em aproximar os diversos reinos espanhóis e aumentar o império. Com esse fim, casou-se com Isabel I (unindo as duas principais coroas espanholas: Castela e Aragão); apoiou fortemente a Igreja Católica, inclusive a Inquisição e deu continuidade às descobertas marítimas. Para isso, entre outras medidas, estabeleceu políticas unificadoras e fortaleceu os militares, cuidou mais das fronteiras e colocou leis para os impostos e o comércio. Todas essas novas regras criavam dificuldades ao livre comércio, ou como se poderia chamar, ao tráfico e contrabando.

César, consequentemente, começou a ser perseguido pelo governo real, sendo obrigado a pagar, muitas vezes, altos tributos pelas mercadorias. Sentindo-se atingido em seu comércio, César veio até a mim e disse:

- Estou tendo problemas com fiscais da realeza que interferem em minhas transações e, portanto, ou não consigo trazer as mercadorias para você ou os preços aumentam demasiadamente!

- Mas isso podemos resolver com muita facilidade! Você tem contato direto com os fiscais do Rei?!

- Sim, trato dos negócios diretamente com um deles.

- Então você me procure dentro de três dias e eu vou lhe dar a solução!

Nunca deixei de utilizar meus conhecimentos sobre a alquimia para a manipulação das ervas e ainda naquela mesma noite me ausentei do cabaré um pouco mais cedo, saindo para os campos em busca de tudo aquilo que iria precisar. Estávamos na lua crescente e sabia que era naquela fase em que deveria buscar determinada erva para que pudesse obter os melhores resultados pretendidos. Fui com algumas pessoas de minha equipe, pois não andava só, colhi as ervas e passei o resto da noite preparando o pó. Quando César retornou, entreguei-lhe disse:

- Você tem como colocar esta pequena quantidade de pó em alguma bebida dele?!

- Sim, esta é uma tarefa fácil, pois sempre em nossas negociações tomamos alguma bebida juntos!

- Ótimo! Mas você vai fazer mais do que isso! Fará com que chegue ao Rei uma mensagem para que ele se cuide, porque isso será apenas um aviso para que ele não se coloque mais no seu caminho, ou ele mesmo poderá ser o próximo!

Ao se encontrarem novamente em uma noite chuvosa, colocou a poção na bebida do fiscal do Rei e fez também com que esse fato chegasse ao conhecimento do monarca, mandando entregar o cadáver junto com a mensagem. O Rei cedeu, e assim continuamos livremente o nosso trabalho...

***

Tudo o que era necessário em meu negócio comprávamos de vários comerciantes provenientes de muitas regiões e um deles era Loes. Apesar de ser uma pessoa detestável, trabalhava com produtos de ótima qualidade, além das belas mulheres, o que justificava os seus serviços. Por isso, eu delegava a tarefa de negociar a outras pessoas, porque a sua presença era simplesmente repugnante, eu não o suportava. Vestia-se de forma bastante peculiar, ou melhor, estranha, o que aumentava sua condição asquerosa e repulsiva. Era, também, esnobe e arrogante. Muito diferente da simpatia e elegância do mercador Cesar. Quando Loes negociava com os meus auxiliares, sempre tentava tirar vantagem, até que um dia resolvi colocar um ponto final em suas falcatruas e passei a fazer as transações diretamente com o patife.

Certa vez ele nos trouxe uma linda morena espanhola, de nome Dolores, pela qual lhe paguei muito bem. Para atender às exigências de meus clientes, sempre dava preferência às donzelas, só que ele a usou antes e a trouxe garantindo castidade. Até então eu não submetia as moças a exames, mas desconfiada dele, levei-a a uma pessoa que sabia como fazer tal averiguação. Como eu presumia, ficou então confirmada minha suspeita. Fiquei indignada com a atitude de Loes, e conversando com Dolores, forcei-a a falar a verdade. Ela me disse, o que piorou ainda mais minha revolta, que havia sido o próprio mercador. Não a expulsei, porque ela acabou contando a sua história e eu me penalizei dizendo que ela poderia ficar e trabalhar como as outras moças. Ainda através dela fiquei sabendo das calamidades que ocorriam no castelo de Loes.

Não pude falar com ele no momento, pois já havia partido para suas viagens, demorou mais ou menos um mês e meio para retornar com novas mercadorias. Eu já vinha contrariada com suas atitudes e por meio de meus contatos e dos relatos de Dolores, fiquei estarrecida. Soube que ele tinha uma família, morava num pequeno palácio próximo à França e que apesar de ter sua esposa, mantinha mulheres cativas que o serviam como escravas sexuais. Isso me levou à angustia ao recordar dos trágicos momentos que vivi, lembranças estas que me deixaram ainda mais revoltada com ele, pois no meu cabaré as moças eram bem tratadas e recebiam pelo trabalho que faziam. Não havia nada que pudesse ser comparado ao cativeiro, ninguém era obrigada a estar comigo e, portanto, a fazer o que não quisesse. Da mesma forma que eram livres para se juntar a mim, podiam seguir a própria vida a qualquer momento.

Loes retornou ao meu palácio e houve uma brutal discussão entre nós. Na conversa que tive com Dolores, fiquei sabendo que ele mantinha em seu castelo uma moça, muito doce, em situação de escravidão para os seus familiares durante o dia e à noite era obrigada, com ele, a participar de bacanais de uma forma agressiva. Isso me deixou ainda mais furiosa por eu já ter vivido uma situação parecida.

Comecei assim, a arquitetar um plano diabólico. Pedi a uns cinco criados, truculentos e fortes, que fossem até o palácio de Loes e observassem os hábitos da família e toda a movimentação, pois a ordem era sequestrar a moça e trazê-la para meu castelo, sendo que depois eu reservava algumas surpresas adicionais.

Ficaram algum tempo investigando até sentirem o momento correto. Conseguiram pegá-la e a trouxeram para o castelo, eu a recebi com carinho, e por um tempo a mantive escondida. Durante esse período, fiz com que ela resgatasse a sua autoestima, melhorando o seu visual com roupas novas e lindas joias, depois dessa mudança ela se tornou uma das nossas.

Passaram-se dois meses e Loes retornou trazendo mercadorias. Nessa oportunidade, comentou comigo sobre uma pessoa sequestrada de seu palácio, acrescentando ainda sua extrema intolerância diante esse tipo de afronta. Como eu gostava das coisas às claras, disse:

- Fui eu que mandei os meus homens raptá-la, ela está aqui no meu castelo, sob os meus cuidados!

Se eu não tivesse os meus seguranças, ele teria me trucidado de tanto ódio, porque aquela moça era sua predileta. Houve muita discussão, briga e tumulto, e naquela noite, mais uma vez, eu resolvi colocar em prática o que já tinha vontade de fazer há muito tempo. Mesmo após toda confusão, ele continuou no cabaré bebendo com as moças, na esperança de ver sua favorita e enquanto isso eu preparava as gotinhas "milagrosas". Mal sabia ele que vivia seus momentos derradeiros. Pedi, então, para as meninas, que o fizessem beber muito. Quando ele já estava bem alcoolizado, orientei a uma delas que o levasse para o seu aposento, tratando-o como se ele fosse ter uma noite maravilhosa. Loes foi levado como um cordeiro, lá chegando tínhamos tudo preparado, champanhe e as gotinhas "milagrosas". Era tudo muito fácil para mim, apenas duas gotas e ele dormiu para sempre!

O seu corpo foi levado para fora do meu castelo na calada da madrugada, e como eu sempre gostava de afrontar a sociedade, foi deixado na porta de uma igreja.

Houve muita agitação pela manhã, e da janela de meus aposentos, me regozijava do grande feito: ao mesmo tempo em que retirei da sociedade um canalha, afrontei a falsa moral! Deparei-me, naquele momento, com personagens patéticas assombradas pela cena: um corpo estendido na porta da "santa" igreja, onde os nobres e demais "pessoas de bem" vinham se redimir de seus pecados! Quanta hipocrisia!

Eu, com toda classe diplomacia e amor pelo meu poder e pela minha fortuna, ia eliminando todos os empecilhos que se colocavam em meu caminho, sem nenhuma preocupação em ferir ou magoar, pois, como já disse, tinha um propósito, uma meta, que era pisar e massacrar todos os homens que interferissem em meus planos. Enquanto estivessem favoráveis a mim, ótimo! Haveria uma relação excelente, mas a partir do momento em que criassem problemas, eu os resolvia imediatamente, sem titubear! Acreditava que minha maneira de pensar era a correta. Sentia-me ferida, magoada, ultrajada, naquilo que era mais caro para mim, a minha própria vida. Estava simplesmente devolvendo, de maneira desastrosa, para o universo, toda minha revolta. Sempre fazemos aquilo que cremos ser o melhor, porque é o que compreendemos, é o que está dentro de nossos conhecimentos e esse foi o meu jeito de tentar resolver minhas profundas mágoas... No entanto, os erros se transformam em dívidas e não se apagam, de uma forma ou de outra, mais cedo ou mais tarde, serão cobrados...

Desde muito tempo na história da humanidade e cada vez mais até os dias atuais, o que imperava era o poder e eu tinha esse poder. Não imaginava, entretanto, que isso seria minha completa ruína.

A atitude em tirar a vida do mercador Loes, perante a sociedade, foi uma heresia, apesar de a Inquisição cometer naquela época, atrocidades muito mais perversas do que as minhas. Entre os horrores que praticava, em nome de Deus, estavam as mais violentas e bárbaras formas de tortura. As vítimas, sofrendo dores impensáveis, podiam levar até dias para morrer. Além disso, havia o confisco de bens, prisão, pena de morte e perseguição sofridas não só pelos considerados "hereges", mas também por suas famílias. Na verdade, meus crimes comparados aos da Igreja Católica não passavam de transgressões juvenis.

No caso do mercador, preferi não deixar marcas, provocando apenas dúvidas. A dúvida, muitas vezes, é mais mortífera do que a certeza: nos atemoriza enquanto dura. O ocorrido levou a grandes confusões na tentativa de descobrir quem era a pessoa assassinada e o autor do homicídio. Tudo isso me proporcionava ainda mais satisfação e júbilo.

Através de seus colaboradores e leões-de-chácara, foi reconhecido o corpo. Pode-se então haver a remoção para a casa de sua família na França e os funerais foram realizados. Por pior que Loes fosse, com certeza existia alguém que possuía algum sentimento por ele, pelo menos um dos filhos se condoeu pelo final trágico. Apesar do comportamento também cruel com sua família, o mercador deixou-a muito bem financeiramente. Hoje sei que agi errado, mas beneficiei muitos que a partir de sua morte se libertaram.

Um de seus filhos, John, com vinte anos, passou a ser o responsável pela continuidade dos negócios. John não aceitava a maneira que seu pai trabalhava fazendo negociatas escusas e lesivas, queria prosseguir honestamente.

O novo mercador me procurou para negociarmos, uma pessoa simpática, atraente e que impunha respeito naquilo que fazia, ficamos por muitos anos comercializando.

O tempo passou, a morte de Loes caiu no esquecimento e o crime nunca foi desvendado.

As religiões e o nascimento do capitalismo

*"Sem compreendermos o capitalismo,
não podemos compreender a sociedade humana da maneira que ela
atualmente existe"*

Bernard Shaw, escritor irlandês

A vida no castelo continuou com muito movimento e constantes renovações. Seja dito, inovações eram as marcas mais importantes dos anos 1400, 1500 e 1600. Vivíamos em pleno auge do esplendoroso Renascimento europeu, quando muitos dos valores até então dominantes, passaram a ser questionados. Tratava-se do período que depois foi classificado pelos historiadores como Idade Moderna. A humanidade havia acabado de superar os aproximadamente mil anos de Feudalismo (séculos 4 a 14) quando os dogmas católicos, da chamada Idade Média, imperavam. O Renascimento foi, como diz o próprio nome, o ressurgimento do pensamento, do conhecimento, das ciências, das artes, dos valores e dos costumes. Até então, por exemplo, acreditava-se que a Terra era o centro do universo. Copérnico demonstrou que tal ideia era um absurdo: passamos então, do geocentrismo para o heliocentrismo com a descoberta de que giramos em torno do Sol. A mesma teoria foi apoiada por Galileu Galilei, obrigado a negar suas constatações científicas pela Inquisição da "santa" Igreja Católica Apostólica Romana.

Mesmo com a dura repressão da instituição católica, consciente de sua perda de poder com o final da Idade Média, a Igreja não conseguiu impedir o surgimento das novas concepções. Nasceu, portanto, a base para o Iluminismo (movimento cultural do século 18) e para as revoluções dos séculos seguintes, como a Revolução Francesa de 1789, cujos pontos fundamentais são alicerces para a sociedade até os dias atuais, como a democracia, a liberdade e a igualdade.

O Renascimento inovou radicalmente diversos setores da arte, entre eles, a escultura e a arquitetura; além de várias outras áreas como medicina, matemática, filosofia, arqueologia, pedagogia; astronomia, engenharia etc. Grandes bibliotecas foram fundadas; a língua grega e o latim não só foram resgatados, como também bastante valorizados e estudados.

Os mais notáveis progressos foram alcançados na pintura. Inspirados na Antiguidade Clássica, gênios incontestáveis como os mestres Leonardo da Vinci, Michelangelo, Rafael Sanzio e Botticelli legaram à humanidade obras primas jamais vistas. Os maiores destaques eram os italianos, apesar da presença admirável de franceses, flamengos, portugueses e espanhóis.

Outros pensadores igualmente célebres imprimiram suas revoluções: Erasmo de Roterdam, Nicolau Maquiavel, Boccaccio, Thomas More (um dos principais assessores de Henrique VIII) em diferentes áreas do conhecimento. Maquiavel, por exemplo, foi pioneiro para o surgimento da Ciência Política, seus ensinamentos continuam sendo fundamentais. Os ideais dos maiores filósofos da humanidade, até os dias de hoje: os gregos Sócrates, Platão e Aristóteles foram retomados e reestudados. Constituem, também, a base para a sociedade atual.

O contexto de descobertas científicas e inovações tecnológicas impulsionou as grandes navegações e vice-versa, ocorreu assim, a ampliação do comércio e, portanto, de acúmulo de lucros em níveis jamais vistos. Era o início da primeira fase do capitalismo, o capitalismo comercial. Forjou-se um ciclo onde os novos interesses econômicos instigavam e financiavam o crescimento das ciências, das artes e das inovações tecnológicas, estas, por sua vez, contribuíam para o aumento da prosperidade econômica.

As regiões europeias que primeiro se tornaram metrópoles, Espanha e Portugal, saquearam durante séculos, gigantescas riquezas da América Latina. O Brasil e os nativos que aqui já se encontravam há milhares de anos foram, muito possivelmente, um dos mais despojados de seus formidáveis recursos, inicialmente a preciosa madeira do Pau-brasil, cana-de-açúcar e depois os minérios, especialmente o ouro. No começo do século 16, as finanças da Corte Portuguesa, no momento do chamado "descobrimento" do Brasil, encontravam-se em ruínas. Tudo o que das colônias era levado, as respectivas metrópoles comercializavam em várias outras partes do mundo, abarrotando os seus cofres e nada retribuindo para o povo e os trabalhadores das colônias. Toda essa riqueza material, juntamente com as revoluções políticas, foram vitais para a construção do sistema capitalista.

A Igreja, recusando-se a aceitar o nascimento do admirável mundo novo (mais admirável para alguns do que para outros) teve os seus dogmas diretamente questionados pela Reforma Protestante. A Igreja Católica não via o lucro com bons olhos, o que contrariava diretamente os desejos da nova classe social nascente, a burguesia. O papel do Rei Henrique VIII da Inglaterra foi romper oficialmente com a Igreja Católica, satisfazendo assim, as necessidades do surgente capitalismo comercial.

O catolicismo desprezava o corpo e valorizava o desprendimento material, o que, consequentemente, impedia o avanço do comércio, do lucro e, portanto, do capitalismo. É claro que, ao mesmo tempo, a própria Igreja Católica não só não se desfazia de seu enorme patrimônio, mas continuou acumulando-o, o que faz até os dias atuais. Vale aqui o velho ditado: faça o que eu falo, mas não o que eu faço...

Por outro lado, para os protestantes, a vida terrena também era algo positivo, diferentemente do peso católico do pecado. Segundo o Calvinismo, as habilidades humanas eram consideradas dádivas divinas, inclusive o ganho econômico.

Tal forma de pensar serviu como uma luva para a classe capitalista. Henrique VIII percebeu muito bem esse casamento, esse cenário socioeconômico e por meio de suas estratégias contribuiu à viabilização política do capitalismo. Como não podia deixar de ser, ao mesmo tempo conciliou a conjuntura social com os seus interesses pessoais de poder ao enfraquecer a Igreja Católica.

Outras inovações foram a imprensa, a música tonal, a harmonia, a orquestração; por fim, muitas das "certezas" medievais de centenas de anos, viraram pó.

Por óbvio, todas essas mudanças e novas ideias eram apoiadas intensamente pela burguesia. Os grandes comerciantes tornaram-se mecenas, porque sabiam que ao patrocinar intelectuais, cientistas e artistas produziriam um ambiente favorável ao novo mundo, quer dizer, àquilo que desejavam que o mundo fosse: um imenso mercado onde pudessem realizar os seus negócios e lucros. A nova onda empreendedora era justamente o espírito do Protestantismo estimulado por Henrique VIII[1].

Um mundo cheio de proibições, pecados e medos (defendido pela Igreja Católica), onde a humanidade dependia de uma instituição auto declarada única e exclusiva porta-voz de Deus; impedia o conhecimento e a compreensão do próprio mundo e assim, a possibilidade de transformá-lo. Transformar ou mudar era exatamente o que, a até então mais poderosa das instituições, não desejava. Transformação significaria necessariamente perda do domínio político... Não interessava, à Igreja Católica, um mundo que

---

[1] Para saber mais sobre a relação entre a religião Protestante e o desenvolvimento do sistema capitalista, ler o clássico *"Ética Protestante e o Espírito do Capitalismo"* escrito pelo sociólogo Max Weber.

dela fosse independente. A religião apostólica romana vinha de uma tradição de aproximadamente mil anos, conforme já referido, onde havia forte submissão social a ela. Um mundo mais independente e livre (independente e livre para conhecer, produzir e lucrar), mesmo que fosse para enriquecer uma pequena classe social, a nascente burguesia, certamente tiraria boa parte do poder político do clero. E foi o que ocorreu. Coube à Igreja Católica adaptar-se, "perder os anéis para não perder os dedos...". Nisso ela foi vitoriosa, haja vista a continuidade, até a atualidade, de seu colossal poder global.

A vida no castelo

"Todo poder sem controle leva à loucura"

Émile-Auguste Chartier, filósofo francês

Uma de nossas moças que acabou ficando grávida logo após a morte de Dóris era Beatriz. Pelas circunstâncias, sentiu medo e não quis provocar um aborto. Eu, receosa do que poderia acontecer, mudei minhas táticas:

- Beatriz você não vai ficar ao relento, poderá continuar aqui trabalhando conosco e ter o seu filho!

Nasceu um lindo bebê, cujo nome escolhido foi Luiza. César assumiu a paternidade e acompanhava **à** distância o seu crescimento. A mãe, sendo ainda bela e jovem, continuou sua profissão, por isso a criança ficou sob os cuidados da senhora Leopoldina, que já tinha uma filha e assumiu esta outra como sua. Beatriz, enfim, não abortou, mas também não amou, não cuidou e não se preocupou, deixou a criança entregue a outros.

Da mesma forma que cuidávamos de Laura, que já estava com dez anos, passamos a cuidar também de Luiza. As meninas ficavam em uma parte separada do castelo, onde havia privacidade. Receberam a melhor educação possível com os professores particulares que contratamos, pois, nossas crianças não podiam frequentar as mesmas escolas onde estudavam os filhos e filhas da nobreza. Na época as escolas eram dominadas pelo clero, eram eles que se incumbiam da educação, não haviam estabelecimentos públicos de ensino. E na "santa" Igreja, como se sabe, éramos *persona non grata*...

Havia uma distância muito grande entre mãe e filha e nas poucas vezes em que Beatriz se relacionava com Luiza, manifestava somente rejeição e agressividade, acreditando que a criança a havia prejudicado, deformando seu corpo. Luiza, então, passou a ter como mãe aquela que lhe dava carinho e atenção, a senhora Leopoldina. O pai vinha esporadicamente trazendo presentes, que para ele era o suficiente e o que, na verdade, tinha condições de fazer. Assim Luiza foi vivendo e crescendo.

Em uma de suas viagens de trabalho, Cesar partiu para trazer uma carga muito grande. De minha parte, paguei-lhe parte das mercadorias e ele seguiu em busca das encomendas. Infelizmente sofreu um naufrágio e assim perdi um competente mercador. Os navios eram grandes e movidos a vela, os naufrágios aconteciam com muita frequência, era comum as tempestades surpreenderem as embarcações em alto mar e estas não suportarem os impactos. A tecnologia e os equipamentos de orientação para a navegação ainda eram muito rudimentares, as viagens marítimas dependiam excessivamente dos sentidos, da experiência pessoal e, principalmente, da sorte. Tratava-se de uma tarefa bastante arriscada.

Depois dessa tragédia a situação se complicou muito, não estava fácil trazer mulheres, muitas chegavam até o castelo vindas de locais próximos. O prejuízo era grande, além dos naufrágios, existia também a pirataria. Além das viagens comerciais, havia também as viagens de exploração para a conquista de novas colônias, financiadas tanto pela própria burguesia como por parte da monarquia, aliada da nova classe capitalista.

Conheci Arthur através do rei, ele começou a visitar o castelo e passou a ser um frequentador assíduo, mesmo sendo casado. Casou-se com uma prima, filha de um barão espanhol, por imposição das famílias, pois eles não se importavam se existia grau de parentesco ou amor, o objetivo era unir fortunas e aumentar o poder político. Desta malfadada união tiveram dois filhos, pois mesmo casado ele continuou com sua vida devassa, não se importando com a família. Ela, sem esperanças de uma mudança no comportamento de seu marido, acabou voltando para a Espanha junto com os filhos.

Conde Arthur prestava serviços ao rei Henrique VIII, viajando por vários países e negociando em nome dele. Tornou-se meu grande amigo. A única característica realmente negativa era o uso excessivo que fazia da bebida alcoólica. Por isso, sempre acabava a noite no castelo, sem conseguir ir embora, mesmo assim, nunca não ouvia os avisos e conselhos de ninguém. Além disso, era também um homem bonito, muito debochado, falante, adorava boemia e orgias.

Entre eu e o conde Arthur havia uma amizade muito forte, um companheirismo sincero, nos entendíamos bem nos negócios e nos ganhos ilícitos. Nunca houve um relacionamento intimo entre nós, mesmo eu sendo muito bonita. O sentimento que nos ligava era de amizade, ele era meu confidente, meu parceiro, contava tudo a ele, se queria eliminar alguém ele me apoiava e ajudava.

Através do Conde Arthur as negociatas eram feitas para que pudéssemos ter um domínio da situação, fazendo com que o rei estivesse sempre preso a nós e necessitando do que podíamos oferecer. Para que pudesse conseguir cada vez mais poder, o soberano passou por cima de muitas pessoas, matou sem escrúpulos, além de cometer todo tipo de traição. Muitas das informações sobre tais ações sempre chegavam até nós e eu sempre fiz questão de ter provas concretas para que na hora certa eu pudesse tirar proveito da situação.

Eu e conde Arthur éramos especialistas em negócios ilícitos, sendo que o beneficiava com ganhos muito altos, porque apesar de prestar serviço à realeza, ele não era bem remunerado. O conde Arthur fazia questão de uma vida rica e de viver na luxúria e comigo ele tinha tudo isto.

A sexualidade, o prazer, sempre foi muito gritante no ser humano, principalmente naquela época, em que as relações entre os casais eram muito falsas, castradoras e fechadas, porque não havia amor e sim conveniências, os casamentos eram arranjados pelos pais.

Conde Arthur acabou se apaixonando por Dolores, aquela que me foi vendida por Loes, e dele passou a ser a preferida. Inicialmente, Conde Arthur e Dolores passaram a ter uma relação muito forte e conturbada, porque ele queria exclusividade, mas ela era uma pessoa muito requisitada nas atividades do cabaré, tendo sido essa questão um ponto de divergência entre mim e o Conde Arthur. Tratava-se de um negócio e Dolores deveria continuar a dar atendimento àqueles que podiam pagar.

Conde Arhur, movido pela paixão e não querendo dividi-la com os outros homens, me propôs comprá-la. Sua situação financeira não era das melhores, mas mesmo assim conseguiu juntar a quantia necessária. Como, por óbvio, não podia levá-la ao palácio, acertamos que ela ficaria no castelo junto com Leopoldina exercendo outras atividades. Dolores gostou muito da mudança e passou a ser exclusiva do Conde Arthur, fazendo outros tipos de tarefas no castelo, desta relação, nasceram três filhos, que também foram criados no castelo junto com as outras crianças. São espíritos que por várias encarnações caminham juntos.

Com a chegada de mais crianças, melhorei ainda mais o espaço específico no castelo para que elas tivessem privacidade e um tratamento adequado. O conde Arthur assumiu seus filhos, mas para a sociedade eram considerados bastardos. Ele e Dolores foram companheiros por muito tempo, entre eles existia um amor grande que perdurou. A espanhola Dolores passou a ser uma colaboradora de Leopoldina no cuidado com as crianças.

Laura, nesta época, já estava uma mocinha, inteligente, esperta, colaborando em tudo que podia com a sua graciosidade, bom senso, cativando todos com sua alegria. Formávamos uma família, sempre foi desta maneira que conservei a nossa união. Nossa família era composta por quase 40 pessoas. Era realmente uma grande família, sempre nos esforçávamos para estarmos juntos, como, por exemplo, nos horários das refeições. O nosso ambiente era muito alegre, festivo, existia muito carinho entre nós e aquelas que se rebelavam eu rapidamente as excluía do nosso quadro de trabalhadoras. Os filhos do conde Arthur já estavam crescidos, recebendo também uma educação apropriada.

John, o filho de Loes, deu continuidade aos trabalhos de seu pai, e assim passou a frequentar o castelo para que pudéssemos conversar sobre negócios. As viagens eram longas e os mercadores tinham necessidade de permanecerem alguns dias na cidade, se preparando para as próximas empreitadas. Eles traziam seus produtos de outros países e não voltavam sem cargas porque a Inglaterra também oferecia artigos refinados: o linho, as louças, a lã etc.

Nessas visitas de negócios John acabou conhecendo Laura. O encontro entre os dois foi mágico e a paixão despertou de maneira esplendorosa. Ele era uma pessoa íntegra e bondosa, motivando também em Laura os mesmos sentimentos elevados, pois era assim que ela sentia a vida. Houve uma relação muito bonita entre os dois e assim decidiram se casar.

Laura desejou realizar seu casamento segundo todas as tradições: na igreja e em cerimônia celebrada por um padre. Eu, para agradá-la e igualmente para provocar meus inimigos, mostrando-lhes meu poder, fiz questão de garantir que assim fosse feito.

Como não podia deixar de ser diferente, tivemos muita confusão, porque na época e ainda hoje, existe e existia muito preconceito em relação a todas que moravam no cabaré.

Pedi ajuda aos meus contatos para que esse casamento fosse realizado na catedral. Ela não era uma prostituta, então tinha esse direito, essa era minha justificativa. Conversando com o conde Arthur pedi a ele que entrasse em contato com o rei e que tomassem as providências em relação à igreja, que comprassem todos os clérigos.

Além disso, o casamento iria se realizar com a participação de todas as moças do cabaré entrando na catedral sem serem discriminadas.

Houve muita briga, mas como eu tinha sempre o monarca preso em minhas mãos, ele acabou viabilizando o evento. A catedral foi fechada nesse dia e apenas o meu povo participou da cerimônia. Ocorreram alguns tumultos, fora da catedral, muita confusão, os nobres, suas senhoras, tentando impedir, mas sem sucesso. Saímos todas juntas do cabaré, bem arrumadas, acompanhando a noiva, afrontando as senhoras da sociedade, que nesse dia estavam até com pedras nas mãos para nos atingir. A distância entre o castelo e a catedral era pequena, mas fizemos questão de irmos em carruagens, passando pela cidade e mostrando que eu tinha conseguido porque tinha poder e que aquilo que eu queria acontecia. Por onde passávamos com nosso cortejo, as pessoas gritavam impropérios, mas mesmo assim chegamos e o casamento aconteceu em uma linda tarde de verão com muita beleza, pompa e riqueza.

John acabou comprando uma propriedade em Londres, pois Laura não queria se distanciar de sua família e de seu povo, e ali ele iria se estabelecer, continuando o trabalho que seu pai fazia. Laura, sendo graduada em direito, acabou defendendo as causas de nosso cabaré.

Nessa época, com a idade chegando para todos, Leopoldina, sempre de maneira carinhosa e diplomática, tentava me persuadir de minha vingança, mas nada me tirava do caminho. Tendo consciência da passagem do tempo, comecei a preparar uma jovem que se chamava Virgínia, e que fazia parte do cabaré, para que tomasse a frente dos negócios, porque eu precisaria de alguém que desse continuidade em todo o meu império. Ela era filha de alemães e veio fugida de seu país por estar passando por um período de guerras. Era uma jovem inteligente e culta, mas por não ter escolha, acabou chegando em nosso estabelecimento e mostrou grande capacidade de administrar. Senti que era uma pessoa confiável e resolvi investir nela. Houve entre nós uma grande identificação, pois Virgínia era como eu, tinha muita vontade de pisar em todos os homens, porque havia sido estuprada por soldados na guerra, e por isso fugiu para a Inglaterra. Seu ódio era muito grande por todos os homens, e este ódio a fortalecia para conquistar tudo o que queria com sua beleza e juventude de seus dezoito anos.

Virgínia era uma moça de conquistas, apesar do ódio que sentia pelos homens. Acabou se apaixonando pelo jovem Tadeu, um burguês de pele morena e muito bonito, mas que não chegava a ser um nobre. Logo que se conheceram houve uma forte atração, mas ela ficou dividida em querer continuar sua vingança ou assumir seu amor. Tadeu era filho de turcos, que também eram refugiados, e toda a família acabou se estabelecendo na Inglaterra. Certa noite, no cabaré, a festividade estava no auge, quando um jovem alemão querendo passar a noite em nosso cabaré e usufruir de tudo que podíamos oferecer, acabou se interessando por Virgínia, o que acabou provocando o ciúme de Tadeu. O alemão insistiu na conquista, e Tadeu reagiu dizendo:

- Não, esta é minha, eu já escolhi!

Com isso a discussão começou. Naquela época, os homens andavam todos armados, por mais que se proibisse a entrada de armas no cabaré, nenhum ficava sem as suas armas. Houve uma disputa e acabaram brigando. Esta foi a primeira vez que dentro do cabaré aconteceu um crime. Quando Virgínia viu que seu amado ia ser atingido, se pôs à frente e acabou sendo ferida mortalmente.

O alemão fugiu, protegido por seus comparsas. O tumulto foi tão grande que não houve tempo de pegá-lo, porque o que queríamos era tentar salvá-la, mas não conseguimos, ela morreu, não houve como socorrê-la. Tadeu saiu desesperado na caça desse alemão, buscando informações de onde poderia encontrá-lo e não desistiu da busca. Houve no cabaré um período de tristeza e cerramos as portas por alguns dias.

Tadeu continuou em sua busca. Teve notícias que o alemão se encontrava na França, ele foi em seu encalço e ao encontrá-lo desafiou-o a um duelo. Infelizmente, Tadeu foi atingido pela espada e também perdeu a vida.

Perdas e desencontros

"Amigos são a família que nos permitiram escolher"

William Shakespeare, dramaturgo inglês

Durante todo esse tempo recebia notícias da minha família através de Catarina, pois ela continuava com suas idas e vindas, e assim meu irmão José a seguiu e descobriu meu paradeiro e veio a minha procura.

José, de imediato, não gostou do local onde eu morava e de como ganhava a vida, isso já dificultou a nossa conversa. Apesar de ter relatado todos os acontecimentos que me obrigaram a deixar a nossa casa, evitando sofrimento para toda a nossa família, José não aceitou a minha escolha. Só contei tudo ao meu irmão depois que soube que nosso padrasto havia desencarnado, assim não haveria como ninguém cobrar nada dele e causar mais sofrimentos.

Mesmo assim José foi muito duro comigo, senti que em nenhum momento ele se sensibilizou com a minha dor, com o que eu havia passado, José era muito firme em suas convicções e me disse que naquele momento eu havia morrido para ele. Como ele se sentiu indignado com a minha decisão eu também me indignei com a falta de compreensão e amor por parte dele, por todo o meu sofrimento. Fiquei alguns dias muito triste com a atitude de José, eu não esperava que ele aceitasse a vida que eu levava, mas sim compreendesse. Ele não passou por tudo o que eu passei, eu era tão jovem e na minha inocência só pensei em proteger nossa família, principalmente nossa mãe, então ele não poderia estar no meu sentir.

Como eu já estava há alguns anos afastada de todos e tinha certeza de minha decisão, continuei a minha vida. Naquele momento o que mais eu queria era a minha mãe, mas ela já tinha partido, então nada mais me interessava. Talvez se ela estivesse viva e falasse comigo, quem sabe eu mudaria tudo em minha vida.

José retornou para sua casa relatando à nossa família onde eu estava e como vivia, dizendo que não se conformava com a minha escolha, ouvindo minha história minhas irmãs gêmeas resolveram me procurar, pois sentiam saudades e não se importaram com a reação dele.

Assim que minhas irmãs Lídia e Eleodora chegaram ao meu castelo ficaram encantadas com toda a riqueza e luxo e resolveram ficar. Conversei com elas dizendo que a nossa vida não era fácil, mesmo assim elas fizeram suas escolhas e passaram a levar a vida que as moças do cabaré levavam, por serem jovens e bonitas passaram a ser muito requisitadas.

Através de Catarina recebemos a noticia de que José soube da escolha delas e passou a considerá-las também como mortas, como fez comigo. Nunca deixei de amar meu irmão e não carreguei comigo nenhum sentimento de magoa, nem ressentimento, mas sim de dor e isso me remetia aos acontecimentos do passado e causava mais ódio, fortalecendo a minha vingança.

Eleodora, apesar de gostar da vida do cabaré, não levava muito jeito e ficou um pouco desambientada, ela acabou conhecendo um lorde francês, Luiz, casou-se e foi embora para a França; Lidia continuou no cabaré por muito tempo, não quis se casar, aceitou a vida que levávamos e lá ficou. Lorde Luiz periodicamente retornava ao cabaré, eu nunca mais vi a minha irmã Eleodora. Como ele era da família e eu necessitava de uma ligação com a França resolvemos negociar mercadorias e informações.

Lorde Luiz estava com problemas financeiros, pois gastou sua fortuna com jogos de azar. Foi aí que decidiu se tornar um de meus mercadores.

O lorde e minha irmã tiveram duas filhas, a primeira Quitéria, que nasceu com uma deformidade, podia se locomover, mas com dificuldade, como não aceitava sua condição acabou na adolescência cometendo o suicídio. Júlia também tinha problemas de saúde e por volta dos dez anos desencarnou por insuficiência respiratória.

Conde Arthur e Lorde Luiz acabaram tendo uma boa relação, porque o conde já fazia parte da nossa família.

Nesta época, as moças mais antigas do cabaré já não estavam mais tão jovens e havia a necessidade de renovar o grupo.

Dolores, companheira do conde Arthur, cansada do seu trabalho no castelo, resolveu ser governanta na casa de Laura.

Catarina, a andarilha, também devido sua idade, não conseguia mais fazer tantas viagens, tendo ido por isso a procura de Jordan. Ele, vendo a frágil saúde de Catarina, e sabendo que eu tinha muito amor por ela trouxe-a até nós e assim ela passou a viver em nossa casa. Foi um dos períodos mais bonitos da minha vida, não só da minha como de muitas pessoas, apesar da sua saúde muito debilitada. Sua filosofia de vida, seu amor e sua presença marcante nos ensinaram muito. O período em que ficou entre nós, modificou muitas coisas em nossas vidas.

Todas as moças do cabaré tratavam Catarina com muito carinho e cuidados, que fez com que ela recuperasse um pouco suas forças ficando mais tempo conosco.

Procurei dedicar mais o meu tempo a ela, aproveitar toda aquela presença tão maravilhosa. Catarina conseguiu fazer com que o conde Arthur se recuperasse de seu vício e deixasse de danificar a sua saúde que já estava comprometida.

As negociações na época estavam difíceis, o tráfico de mercadorias estava complicado, e certa vez o mercador John estava trazendo um carregamento da França, de perfumes e sedas, houve uma tempestade no mar, o navio naufragou e acabou a sua história, eu perdi mais um mercador.

O conde Arthur não podia ficar muito tempo em nosso cabaré pela necessidade de acompanhar o rei, muitas mudanças estavam acontecendo no palácio, eles tinham que fazer muitas viagens, buscando riquezas para o reino, era necessário fazer longas viagens. Em uma dessas ausências do conde Arthur, a espanhola Dolores teve um problema de saúde. Recorri à alquimia, mas mesmo assim a doença foi arrasadora e ela desencarnou, pois se tratava de um câncer no estômago.

Quando o Conde Arthur retornou, depois de algum tempo, e se inteirou dos fatos da partida da sua companheira, teve um choque muito grande. Dolores foi sua companheira por muitos anos e esta foi uma perda que ele sentiu muito.

O cerco se aperta

*"A política tem a sua fonte na perversidade e não
na grandeza do espírito humano"*

Voltaire, filósofo iluminista francês

Na época, passávamos por um período difícil, de mudanças, onde o rei e os seus auxiliares estavam tendo dificuldades provocadas pelas mudanças sociais. Não era possível se ausentar do palácio devido às disputas pelo poder: outros reinos estavam frequentemente atacando na busca de novos territórios. Tudo isso causava instabilidade social e financeira. Ocorreram grandes mudanças na parte da navegação, no transitar de um lado para outro, todos os reinos começaram a ficar mais vigilantes, querendo saber como estavam saindo e entrando as suas riquezas. Estavam todos cautelosos.

O rei designou tarefas maiores ao conde Arthur e por isso teve de passar a fazer muitas viagens, pesquisando e conhecendo novas formas para deixar o seu reino mais sólido, firme e sem tanta turbulência.

Foi neste período que os países de toda Europa foram geograficamente divididos, por isso o cuidado deveria ser muito maior, as batalhas eram constantes em busca de poder e divisas. A Inglaterra começou a trabalhar melhor seu potencial, com suas riquezas, controlando a entrada e a saída de mercadorias do país, o que nos causou dificuldades nas compras do que utilizávamos no cabaré.

Eu havia perdido o mercador John, que tinha muita facilidade em trazer as mercadorias, o que me fez muita falta. O prejuízo foi grande causando dificuldades no cabaré e no cassino. A igreja interferia cada vez mais e nós tínhamos que agir com muito mais cuidado. E por esta falta de mercadores confiáveis para a compra das mercadorias, tudo foi ficando mais confuso e difícil.

Complicando ainda mais a situação, a Igreja Católica passou a receber mais apoio de Roma para aumentar sua luta contra Henrique VIII, cuja opção já havia sido feita em prol da Igreja Anglicana. Com isso, perdemos parte do apoio da monarquia, além de maior perseguição da própria Igreja Romana. Outro agravante foi a onda de guerras inspiradas na própria religião.

Entretanto, apesar de todo o conflito, a vida continuava e eu não podia esmorecer, pois muitas vidas dependiam de nosso trabalho.

Pelo tempo que Catarina ficou conosco, como eu disse, aprendi muito, e todo esse aprendizado me levou a avaliar o meu comportamento. O meu procedimento em usar e abusar da vida das pessoas, tirando-as do meu caminho sem pensar em mais nada. Comecei a avaliar tudo isso e em certos momentos me sentia fraca, dizendo para mim mesma: "porque estou agindo assim?", alguma coisa começou a mudar em mim. Jordan nunca perdeu a esperança de abrandar o meu ódio, apesar de muito velhinho ele sempre estava por perto, tentando me persuadir. Todo ser tem o seu ponto fraco e as minhas fragilidades começavam a surgir.

Encontrei outro mercador através de Lorde Luiz, que me garantiu que nós poderíamos ainda fazer bons negócios. Entreguei a ele uma grande quantia em dinheiro para que pudesse ser feita a negociação, mas fui traída por Lorde Luiz que fugiu com a fortuna sem fazer negociação alguma. Isto fez com que meu ódio ficasse maior ainda e a minha necessidade de vingança aumentasse.

Sobre minha irmã Eleodora não fiquei sabendo mais nada, somente depois de estar na espiritualidade é que descobri que ela teve um final muito triste. Foi abandonada por seu marido, Lorde Luiz, ficando na mais completa penúria. Acabou sendo cuidada por pessoas caridosas e terminou seus dias sozinha e de uma forma muito triste.

Esse desfalque causou um rombo em minhas finanças. Já não podia realizar as transações tão livremente como eu fazia, devido a maneira feroz que a Igreja se colocou contra todos nós. O cassino já não abria todas as noites, isso dificultava ainda mais o nosso trabalho. Nós estávamos todas impedidas de sair às ruas: quando alguma se aventurava era apedrejada pelos membros da Igreja.

Conde Arthur, tendo que se ausentar por conta de suas viagens, ele que era meu braço forte, uma pessoa com a qual eu podia contar, não estava sempre presente. Foi neste período que um dos vários filhos do Rei, Henrique Fitzroy[2], começou a mostrar quem realmente era: uma criatura maldosa, prepotente e que tinha um grande ódio de nosso trabalho, porque dentro de sua filosofia de vida se achava um ser muito superior a todos. Nesse época, no palácio, aconteceram muitas mortes ordenadas por ele. Sua postura era de tirano, dura e inflexível. Aliado à Igreja, Henrique Fitzroy nos perseguia e por isso nos afrontamos algumas vezes. Soubemos, por exemplo, do caso de um artista contrário à realeza, um revolucionário, que sofreu muito e foi morto nas masmorras do palácio por Henrique Fitzroy e sua avó.

As histórias que contavam sobre suas ações dentro do palácio eram aterrorizantes, o que inflamava ainda mais o meu ódio, levando-me a tentar tirar a vida dele por meio da alquimia. Entretanto, até então, meus esforços foram infrutíferos; o que não tirou minha obstinação.

---

[2] Henrique Fitzroy ou Duque de Richmond, filho ilegítimo de Henrique VIII com sua amante Elizabeth Blount. Faleceu com apenas 17 anos de idade. A versão oficial é a de que foi vítima de tuberculose.

Com toda a interferência da Igreja e de Henrique Fitzroy, nós ficamos impedidos de agir, o que prejudicou ainda mais os nossos negócios. As moças do nosso cabaré já não se vestiam com tanta pompa e luxo, como em outros tempos. Aquele período de glória parece que havia passado, não existia mais.

Catarina estava bastante enfraquecida, definhando dia a dia, e numa tarde fria ela partiu. Eu fui me sentindo cada vez mais fraca e impotente, não sabia lidar com a perda em minha vida. Lídia me ajudava muito, mas também já havia contraído uma doença, e eu sentia que cada vez mais perdia os meus aliados.

Certa tarde chegou um menino no meu cabaré me pedindo urgência para que fosse até a casa de Jordan, ele não estava bem. Eu só podia sair do meu cabaré à noite, escondida, porque estava sendo ameaçada e perseguida de uma forma violenta. Esperei o cair da noite, me cobri com meu manto e sai às escondidas até a casa dele. Quando cheguei, vários amigos estavam lá, ao lado dele, pessoas simples. Ele estava agonizando em seu leito, a minha espera, falava bastante sufocado, mas quando me viu seus olhos se iluminaram e ele disse:

- Oh... Minha menina, você veio. Eu estava a tua espera, eu não queria partir sem lhe dar um abraço. Os meus olhos estão se fechando, mas meu coração não se fechará jamais para você.

Sentei ao seu lado, o meu desespero era tão grande e o medo de perdê-lo era maior. Ele passou a sua mão em minha cabeça e disse:

- Filha, vivi até hoje com o objetivo de quando partisse dessa vida, poderia te deixar com o coração mais brando. Não estarei mais aqui para te defender e você sabe que a tua situação não é como antes. Terá que pensar muito no que vai fazer, pois de agora em diante a tua vida vai mudar muito. Você está agora começando a colher o que semeou e o preço será alto.

Ficamos ali conversando por algum tempo, aquele cômodo em que estávamos foi se esvaziando e fomos ficando somente os dois. Eu sentindo a sua vida se esvaindo, sentindo-o se acabando, foi quando ele me disse olhando com carinho: "Toda a minha fortuna, tudo o que guardei foi para você. Está dentro daquele baú. Leve-o e leia os escritos que lá estão. Faça com esta pequena fortuna o melhor e veja se não é o teu momento de parar com todo o ódio que traz dentro de você e aprenda a perdoar".

O dia estava despontando e ele pediu que eu abrisse a janela para que a brisa da manhã entrasse. Queria sentir a vida, o vento e ouvir o cantar dos pássaros. Nessa emoção ficou até os seus olhos se fecharem. Foi um dos momentos mais tristes de minha vida, sentia-me só e vazia pela separação do amigo tão fiel. Se pudesse teria partido com ele.

Eu sabia que não podia ficar ali nem para acompanhá-lo até a sua última morada, porque ele era muito bem quisto e muitos que queriam me destruir estariam lá. Saí sorrateiramente levando comigo o pequeno baú e a dor de não poder vê-lo mais. A mim somente restava o sofrimento em meu refúgio.

Chegando ao castelo, minha fiel companheira Leopoldina estava a minha espera, aflita e preocupada com minha irmã Lídia que também não estava bem. Fomos até seu quarto e me deparei com uma cena também muito triste: a minha irmã estava agonizando. Recorri aos meus meios para aliviar as suas dores, mas naquele mesmo dia a minha irmã igualmente morreu.

Foram golpes muito fortes e dolorosos, eu não havia me preparado para esses momentos. Minha irmã teve que ser sepultada no fundo do castelo, porque não podíamos sair e afrontar aquelas "feras" que estavam a nossa espera.

Eu tinha muitos amigos pobres, maltrapilhos, moradores de rua. Era com eles que eu podia contar e foram eles que ajudaram no sepultamento de minha irmã. Foi um dia de muita tristeza: perdi meu melhor amigo, Jordan, do qual nem mesmo pude acompanhar o enterro e logo em seguida Lídia também me deixou. Naquele momento a única coisa que podia fazer era me recolher, chorar a minha dor e ficar no meu sentir.

Fiquei sabendo do horário do sepultamento de Jordan e de minha janela eu vi o seu cortejo passar. A minha vida era um pesadelo, cheia de sobressaltos.

Depois de alguns dias, tive que reagir, pois havia decisões a tomar. Muitas pessoas dependiam de mim e a nossa situação estava cada vez mais complicada. Resolvi abrir o baú que Jordan me deixou e encontrei documentos de suas terras, que antes dele partir já havia feito a doação deixando tudo em meu nome. Abri a carta e conforme fui lendo encontrei respostas e ensinamentos que me deram força para que eu tomasse algumas atitudes.

Ele escreveu sobre nosso passado e começou assim:

"Minha querida, você é a filha que a vida me deu[3]. Quando você chegou para mim, toda ferida, machucada, cheia de revolta, naquele momento eu te recebi e disse para mim mesmo: 'Esta menina é a filha que não tive'. Foi o despertar de um sentimento tão singelo, suave que me propus a cuidar e lhe oferecer um lar. Você foi a luz de minha vida, apesar do teu sofrimento, do ódio que sentia dos homens, tinha a certeza que você me amou sempre, como um pai. Fiz tudo que pude, usei todos os meus argumentos para arrancar de seu coração esse sentimento tão pesado. No entanto, mesmo assim, você sempre irradiava alegria por onde passava. Depois que você partiu de minha casa para cuidar da sua vida, o meu sol não brilhava tanto, ficou um vazio muito grande, mas eu continuei a minha caminhada, te ensinei tudo, e com este aprendizado, você poderia ter dado continuidade ao meu trabalho, mas você escolheu outro caminho. Respeito a tua escolha e lhe desejo muitas coisas boas.

---

[3] Jordan não havia casado e não teve filhos.

Hoje quando escrevo estas linhas, me sinto muito fraco e sozinho, gostaria muito que você compartilhasse comigo os meus últimos momentos de vida, porque a tua luz vai me ajudar a partir.

Deixo para você os meus bens materiais, mas o tesouro mais valioso que eu lhe entrego é o meu amor, amor esse que levo pela eternidade, e espero que um dia você consiga abrandar do seu coração esse sentimento que lhe causa dor e sofrimento.

Minha filha, se prepare, pois você ainda irá passar por muito sofrimento. Por isso eu lhe deixo tudo aquilo que foi meu e no seu momento de infortúnio, não se esqueça que ainda tem um lar. Cuide de tudo por mim, não deixe as minhas plantas morrerem e quando chegar o teu momento de partir dessa vida, deixe tudo para aqueles que possam continuar tendo um teto e uma terra abençoada para cultivar.

Eu te amo minha filha, até um dia. Jordan"

A invasão

*"A violência, seja qual for a maneira como ela se manifesta,
é sempre uma derrota"*

Jean-Paul Sartre, filósofo francês

Arthur voltou de sua viagem, e como não podia entrar livremente em nosso cabaré, porque estava sendo vigiado, aguardou o anoitecer e entrou sorrateiramente no castelo. Fomos conversar na minha sala de negócios e coloquei-o a par dos últimos acontecimentos e de nossa situação financeira. Ele lamentou todo o ocorrido, falei também sobre a morte de Jordan e de Lídia, pois tinha muita afeição por eles. Referente à nossa situação disse-lhe:

- Meu amigo, eu acredito que chegou o momento de tomarmos alguma atitude. Não posso mais fazer nada, estou presa aqui dentro do castelo, com todo esse luxo, sem poder agir.

Arthur concordou comigo, mas encontrava-se igualmente em dificuldades. Não havia muito que fazer para mudar essa situação. Não tínhamos como nos manter, porque não eram tantos os nobres que vinham a nossa procura, eram mais as pessoas simples do povo. O ambiente já não era tão maravilhoso, tão cheio de brilho e também não podíamos sair do castelo livremente. Lírio é que ainda saía às escondidas nas madrugadas para fazer as compras. Certa manhã, estávamos ansiosas por causa de sua demora quando veio a notícia de que ele tinha sido espancado pelos militares e que acabou morrendo como um cão na sarjeta.

Este amigo Lírio foi uma pessoa abandonada que recolhi nas ruas de Londres, muito sofrido. Não sabia nem de onde tinha vindo.

Levei-o para o cabaré e ele passou a fazer parte de nossa família. Teve uma grande importância em nossas vidas, sendo de uma grande simplicidade e beleza interior infinita. Foi até o fim um fiel companheiro, sempre firme e nos ajudando muito. Era o responsável por toda a organização de nosso cabaré.

A dor e o sofrimento que eu sentia me impulsionavam para que tomasse alguma atitude. Sentíamos que alguma coisa ruim iria acontecer, pois chegavam noticias que os militares, com o apoio da Igreja, iriam invadir o castelo.

O cabaré funcionava com meia porta aberta e apesar de meus seguranças, fomos pegos de surpresa com a chegada inesperada dos militares, não tivemos tempo de reagir.

Naquela noite fatídica, quando estávamos terminando as atividades no cabaré e algumas pessoas já se preparavam para dormir, fomos invadidos. De meu quarto vi a chegada dos soldados e apenas pude correr para proteger as crianças e os adolescentes que viviam conosco. Chamei Leopoldina e os tranquei em meu quarto. Desci e tentei fazer alguma coisa pelos outros, mas infelizmente não pude, também fui espancada e jogada em um canto.

Entraram matando e destruindo tudo que viam pela frente, pois as forças militares e da Igreja eram poderosas. Invadiram nosso estabelecimento com espadas em punho, descarregando todo o seu ódio. Algumas moças conseguiram escapar, eu voltei para o meu quarto, peguei todos que lá estavam e fugimos desesperados. Fomos nos escondendo pelas vielas e conseguimos chegar a um matagal. Saíram a nossa procura, e o único lugar que pensei em me refugiar foi a casa de Jordan que ficava muito longe e eu sabia bem o caminho. As tropas acabaram desistindo de continuar a nos perseguir, porque afinal a intenção era ocupar o castelo.

As pessoas que morreram nem fiquei sabendo o destino que deram aos corpos. Minha fortuna e os meus bens ficaram todos com os invasores, levei apenas o baú que Jordan me deixou.

Eles se sentiram gloriosos. O castelo ficou destruído e também meus sonhos. Foi muito triste na época e tudo isso ainda me comove muito. Sentia-me vítima.

Existiam na propriedade de Jordan algumas ovelhas, vacas, cavalos e outras criações. Começamos a trabalhar na terra e tudo que era produzido era para o nosso consumo. Também vendíamos o excedente nas redondezas para que pudéssemos comprar o que não produzíamos.

Eu mudei muito depois da perda do castelo. Mudei no sentindo dos meus valores, acabei voltando a ser aquela camponesa. Não gostava dos afazeres domésticos, mas gostava de lidar com a terra, mudei meus hábitos, passei a me recolher e acordar cedo. Jordan havia deixado muitos livros e muitas anotações sobre seus estudos de alquimia. Lia bastante, era uma forma de tê-lo perto de mim. Eu também gostava de escrever, deixei muita coisa escrita, e como sempre fui detalhista e minuciosa.

Quando morava no castelo conheci um pintor francês chamado Pierre. Ele era magro, tinha uma barbicha diferente e olhos azuis. Veio a passeio à Inglaterra e se encantou com Londres, passando a frequentar o cabaré. Fez amizades com as moças e acabou fixando residência na cidade. Entre eu e Pierre passou a existir uma grande amizade, ele se tornou meu confidente, um amigo fiel, que tinha muitas histórias para contar e muitos amores, uma pessoa bastante interessante.

Quando perdemos o castelo e fomos para casa que foi de Jordan, convidei Pierre para morar conosco. Pierre viajava muito, quando retornava cheio de histórias e galanteios, sempre me dizia que eu continuava linda, isso tudo preenchia meu vazio.

Éramos somente amigos, ele era meu elo com os acontecimentos da cidade e também fazia as compras necessárias para nossa casa, pois todos que foram moradores do castelo não podiam ser vistos na cidade.

Pierre, apesar de seu talento, não conseguiu ser um artista famoso, vendia suas obras em praças públicas. Sabendo do meu carinho por Leopoldina, ele me presenteou com uma bela tela da minha grande amiga.

A casa de Jordan se tornou um abrigo para todos aqueles que não tinham um canto para ficar, passamos a acolher estas pessoas que passaram a fazer parte da nossa família. Aquela vida de luxuria e prostituição havia ficado no passado, só existia em nossas lembranças. Com o tempo a igreja se apossou do nosso castelo e não tive como reavê-lo, mas nada disso me incomodava. Vivíamos em um lugar privilegiado pela natureza, tudo que plantávamos colhíamos com fartura, tirávamos o nosso sustento e ainda vendíamos o restante na cidade e assim supria o que nos faltava, exceto quando nosso campo era invadido por militares e tudo aquilo que plantávamos era destruído. Foi muita perseguição, mas mesmo assim, com nossa perseverança conseguíamos superar esses ataques.

Conde Arthur fazia o que podia, mas sentia-se com mãos e pés atados diante o filho do rei, Henrique Fitzroy, que tomou a dianteira em vários negócios. Não podia mais nos defender como antes. Em vista da grande limitação que lhe era imposta, decidiu não mais continuar vivendo no palácio, passando a viver conosco e abandonando a realeza.

Os poucos valores que conseguimos salvar quando o castelo foi invadido, mesmo juntando com o que conde Arthur trouxe, com o tempo foram se acabando. As dificuldades eram muitas, sendo que conde Arthur já não estava bem de saúde e por não termos recursos, foi dia a dia se definhando. Foram longos anos de penúria e sofrimento, e quando ele estava com 48 anos morreu, deixando a minha vida mais pobre e vazia.

Eu não era mais aquela mulher tão formosa, a vida no campo era dura e maltratava muito o corpo. Para conseguir suportar essa vida, recorria às minhas lembranças, quando eu sentia muitas saudades vestia as roupas que trouxe comigo e me imaginava no salão, dançando ao som da música, o burburinho da vida noturna... Chorava muito, não existia mais a ilusão, só a realidade dura sem esperança de alguma mudança. Não entendia muito o porquê de a vida mudar tão de repente e a gente ter que se adaptar.

Não vivíamos mais com tanta fartura, porque as terras não eram mais tão produtivas devido à falta de adubos e sementes que tínhamos. As crianças foram crescendo e tiveram que deixar os estudos, passavam fome e saíam pelas ruas mendigando. Laura sempre nos ajudou, mas não podia se expor, porque se fosse vista indo para a nossa casa – ainda éramos perseguidos - teria problemas. Mesmo assim corria o risco continuando sempre a nos ajudar.

Leopoldina já não podia quase andar, estava ficando debilitada pela idade, suas pernas já não tinham forças para mantê-la em pé. Laura quis levá-la para morar em sua casa na cidade onde ofereceria mais conforto, mas ela insistiu em ficar comigo, dizendo que não queria me abandonar. Isto me confortava, me sentia amparada e ao mesmo tempo ficava triste por não poder oferecer uma melhor condição de vida a ela que tanto fez por mim.

Eu tinha comigo um forte desejo de vingança em relação a Henrique Fitzroy. O que eu mais desejava fazer era acabar com sua vida, este ódio se tornou uma obsessão. Eu sabia de todos os passos de Henrique Fitzroy, através dos moradores de rua e dos refugiados do castelo. Descobri que ele frequentava, camuflado, quase todas as noites uma taverna. Mesmo sendo filho do rei, ele tinha um comportamento devasso e corrupto, além de um sadismo muito grande. Apesar de ter brigado muito para fechar o nosso estabelecimento, ele era muito voltado a essa vida promíscua e de prostituição.

Através dos moradores de rua, conheci o dono da taverna e com o meu charme o convenci a colocar uma das minhas moças para trabalhar lá, isto fazia parte do meu plano. Saí do meu esconderijo e fiquei a espreita da chegada de Henrique Fitzroy, combinamos tudo. Eu disse a ela:

- Você vai envolvê-lo, use a sua sedução, sua beleza e leve-o para o quarto.

Preparei o veneno mais forte, coloquei-o em um pequeno vidro e disse a ela:

- Você vai colocar este preparo na bebida dele, esta será a última noite do canalha!

Depois de dar as instruções a ela voltei para casa, e no dia seguinte ela me procurou e contou que tudo tinha ocorrido conforme o planejado. Relatou que assim que ele tomou a bebida morreu instantaneamente, e que esperou amanhecer e chamou o dono da taverna, dizendo que tinha acontecido algo, pois Henrique Fitzroy não acordava. Foi um alvoroço, mas no final chegaram à conclusão que ele teve um mal súbito.

Recebendo esta notícia fiquei radiante, pensando comigo mesma: agora eu vou ficar sossegada, porque tirei uma erva daninha da sociedade.

Quem criou Henrique Fitzroy foi sua avó Letícia, ela era muito apegada a ele, era uma bruxa malvada e mórbida. A minha satisfação foi saber que encontrou o seu neto naquele lugar imundo e sórdido. Quando viu o seu corpo sem vida ela enlouqueceu, me senti ainda mais vitoriosa, jamais souberam que fui eu que planejei tudo isto.

Nesta época o rei já envelhecido, resolveu fazer uma mudança no seu castelo, porque ele não era tão maldoso quanto o filho, e depois da morte de Henrique Fitzroy, resolveu amenizar os sofrimentos nas masmorras, melhorando as condições dos prisioneiros. Isto me deixou muito feliz, pelo menos alguma coisa mudou para melhor.

Entretanto, a situação não estava bem. Leopoldina encontrava-se muito doente e, mesmo assim, preocupava-se mais comigo:

- Eu não quero lhe deixar só, porque quando eu partir quem vai cuidar de você?

Apesar de todo seu amor por mim, ela já não tinha mais forças, pois a sua idade estava muito avançada e a miséria em que vivíamos impedia um tratamento mais adequado.

Numa manhã as moças vieram me chamar, eu estava no campo, avisando que Leopoldina não estava bem, saí desesperada indo até seu quarto, quando entrei percebi que ela agonizava. Ainda consegui me despedir da minha grande amiga, que apesar de sua fragilidade, ainda me dava forças para suportar tanto sofrimento.

Após a morte de Lepoldina perdi a vontade de viver, abandonei o trabalho na terra que tanto gostava, me isolei. Pierre tentou me animar, mas não conseguiu, então ele passou a administrar as terras e tudo o que eu fazia. Os dias para mim eram longos e tristes, nada me animava.

Vivia de lembranças. O passado estava sempre presente com as saudades que sentia de minha família, de minha infância e o começo da adolescência. Foi a época mais feliz da minha vida. Talvez minha vida poderia ter sido diferente, mas me deixei levar pela vingança e não dei importância ao amor e aos ensinamentos que recebi de Jordan.

Às vezes o arrependimento batia forte em meu coração, mas eu o expulsava e mantinha a minha postura de estar sempre certa.

Fui me afastando da vida e das pessoas. Na verdade, o que eu queria era fugir da dor e solidão que eu sentia.

Apesar das agruras que vivia, gostava da vida, mas as pessoas que amava se foram e para mim nada mais tinha sentido.

Comecei então a pensar que a morte seria o fim de tudo e essa ideia ficou forte, a ideia do suicídio. Estava enganada pensando que a morte poderia me libertar da solidão e do sofrimento. Isso somente piorou ainda mais minha situação, porque acabei atraindo péssimas companhias que intensificaram minha loucura.

Suicídio

"A resignação é um suicídio cotidiano"

Honoré de Balzac, escritor francês

Peguei a carta de Jordan e li novamente e em pensamento falei a ele: "Meu amigo, eu não resisto mais, não tenho mais forças, estou me sentindo a criatura mais só deste mundo, não posso contar com mais ninguém." Neste momento de desespero, tomei uma decisão e escrevi uma carta a Laura, e no dia seguinte pedi a um dos meninos para ir até sua casa entregar.

Na carta eu dizia:

"Laura, eu te amo, esta é a ultima vez que me comunico com você, quando receber esta carta já não estarei fazendo mais parte deste mundo, vou dar um fim no meu sofrimento, pois não consigo mais conviver com a minha dor. Você é e sempre foi muito importante para mim, porque nasceu de uma pessoa a quem muito amei e que foi como uma mãe para mim.

Quero partir desta vida deixando para estes amigos que conviveram comigo, a herança que Jordan me deixou, para que não fiquem abandonados. Gostaria que você ficasse com eles, orientando-os para que não se sintam desamparados.

Sei que você também está muito só, ainda é jovem e pode dar um novo sentido a sua vida, oferecendo a estas pessoas simples e necessitadas a sua atenção e seu amor que é grande. Peço que acolha a todos como sua nova família, sinta o meu abraço, o meu amor e não me recrimine, pois para mim a vida já não tem mais importância. Adeus"

Sempre fui uma pessoa muito detalhista e quando premeditava alguma coisa eu ia preparando tudo com cuidado. Preparei um banho com ervas, depois do banho me vesti com a minha melhor roupa, preparei minha cama, deitei-me, porque não queria que ninguém me tocasse, e também não queria dar trabalho. Enfim, tomei a poção que eu mesma preparei, dando, com todo esse ritual, um desfecho em minha vida. Achava que o meu sofrimento havia terminado... Que ato insano!

Termina dessa maneira estúpida minha história em Londres, que poderia ter tido um final melhor. Não queria mais viver, e aquele grande império que eu construí um dia com toda pompa e riqueza ruiu, aquela mulher lutadora e forte, deixou de existir.

Fui sepultada como todo ser humano merece, pelos meus amigos moradores de rua na propriedade que Jordan havia me deixado. Foi uma cerimônia triste, mas havia muito carinho e respeito por parte dos meus amigos. Por ser uma pessoa preocupada com aqueles que viviam na propriedade, deixei meu testamento passando a eles tudo que eu tinha.

Laura, quando ficou sabendo da minha morte, não mediu consequências. Rompeu as barreiras e foi prestar a sua última homenagem a mim. Também ficou muito só no mundo. Depois fiquei sabendo que ela largou a sua propriedade deixando tudo para trás e indo morar na casa de Jordan com os moradores de rua. Afastando-se da sociedade, deu assistência para aquelas pessoas até o fim de sua vida. Desencarnou bastante idosa, tendo dedicado o seu tempo para ensinar ao próximo o que havia aprendido ao longo de sua vida.

Depois do meu desencarne, melhor dizendo, depois de meu suicídio, me sentia anestesiada. Foram momentos de desespero. Quando me vi fora do corpo físico a sensação que tive foi de ser arrancada violentamente. Sentia-me totalmente envolvida por sombras escuras que gritavam a minha volta me acusando de muitas coisas. Para mim era tudo uma loucura.

Fiquei confusa, sem entender o que realmente estava acontecendo. Perambulava pela casa de Jordan, sentindo que estava dentro de meu dormitório, mas ele era muito maior e escuro, além das sombras que iam e vinham tentando me arrastar. Ao mesmo tempo via, às vezes, pontos de luz que se aproximavam e recuavam. Entrava na casa, ia para os campos, voltava e então encorajei-me a ir até a cidade. Fui ao castelo e só vi ruínas, sofrimento, escuridão. Novamente tive aquela sensação de ser arrancada dali. Fui arrastada e me vi outra vez em minha antiga moradia, na casa de Jordan. Via pessoas chorando, se lastimando, a minha amiga Laura ao lado daquele corpo inerte chorando desesperadamente e foi então que compreendi realmente a insanidade cometida e o fato de não mais pertencer ao mundo dos encarnados.

Senti-a me sendo carregada, só chorava, era a única coisa que conseguia fazer. Vi quando aquele corpo inerte baixou à cova aberta nas terras que um dia cultivei. Estavam no funeral os meus amigos moradores de rua e outros companheiros sofridos, todos sentiam uma profunda desolação e lamentavam muito. As minhas sensações eram as piores, num desespero muito grande me agarrei àquele corpo que não tinha mais vida. Tentava sacudi-lo, reanimá-lo, porque o arrependimento começava a tomar conta de mim. Rente ao caixão fui para debaixo da terra, pois não queria largá-lo. Fiquei um bom tempo presa ao que era o meu corpo se decompondo e se desfazendo, sentindo a dor dos vermes se aproveitando e se alimentando daquilo que restou de mim, que um dia viveu tantas glórias. Quando não aguentava mais saí cambaleando, me vendo novamente naquela escuridão. Os pontos de luz haviam desaparecido totalmente, tentei me arrastar e os vultos mantinham-se à minha espera, eu não tinha saída. A dor causada pelo veneno que bebi era muito grande, queimava-me destruindo-me totalmente. Resisti muito para que as sombras não me arrastassem, cada uma me puxava para um lado, aumentando ainda mais o sofrimento que me consumia de maneira atroz. O abalo foi tão forte e violento que perdi os sentidos, permanecendo assim por um tempo que não consegui precisar. Quando despertei encontrei-me em um ambiente medonho, muito frio com todas aquelas sombras ainda me acompanhando. As acusações eram muitas e aos poucos fui me lembrando de alguns fatos que aconteceram em minha vida. Via aquele bispo estendido na calçada se retorcendo, espumando pela boca numa cena horrível, só seus olhos me olhavam com ódio muito grande. Todos aqueles que eu provoquei a morte apareceram em minha frente me atacando. Eu não conseguia me movimentar por mais que tentasse. Parecia que eu fazia parte daquele lugar.

Fui levada a outros locais macabros e nebulosos, sem vegetação e luz. Aos poucos comecei a perder a razão, tudo foi ficando muito confuso até não saber mais quem eu era e o que estava acontecendo. Tinha somente alguns poucos momentos de lucidez preenchidos pela repetição contínua do instante em que verti o conteúdo mortal da taça, recipiente este que outrora tantas vezes me proporcionou o sabor especial dos melhores champanhes. A sensação provocada pelo veneno, de estar sendo incendiada por dentro, permanecia. A imensa dor ia e voltava com intensidade cada vez maior. Tudo isso era uma constância durante minha vivência nesse ambiente infernal.

Não havia como se esconder, buscar refúgio ou alívio: o desespero era total. Para piorar o impossível, acabei me deparando com Henrique Fitzroy. Não sabia por que ele estava lá, mas encontrava-se muito agressivo, dizendo-me as piores blasfêmias e tentando atacar-me de todas as maneiras.

De repente, percebi um ponto de luz, embora tudo fosse muito turvo, mas que afastou Henrique Fitzroy dali. Entretanto, isso não fez com que eu deixasse de me sentir atormentada.

Eu estava no vale dos suicidas, lá o tempo não conta, nunca passa, nunca termina, as coisas se repetem sempre como um alucinante circulo sem começo e fim. Eu me sentia suja, maltrapilha, fraca e indefesa. Nunca tive o habito de rezar, se tivesse, teria como aliviar meu sofrimento. Corria desesperadamente em busca de um lugar mais tranquilo, tudo me aterrorizava, tudo era sofrimento. As tempestades que vinham nos arrastavam cada vez mais para o lodaçal, onde os vermes e répteis monstruosos se enrolavam em nós. Ali todos se juntam, todos se aproximam tentando a impossível proteção, tentando se livrar daquelas formas horríveis que se envolviam em nós. Não conseguia me ver, não conseguia me sentir. O lugar todo era uma enorme fossa, o próprio Inferno. Aquele ambiente poderia ter sido uma das inspirações de Dante[4]. Segundo o escritor italiano, aqueles que passavam pelos portais do Inferno liam uma placa que dizia: "Vós que aqui entrais, perdeis todas as esperanças"; aviso nada mais apropriado.

Existiam momentos em que a escuridão era total, só tínhamos muito medo e sentimento de abandono. Corria por todos os cantos, o chão era escorregadio, liso e cheio de lodo, não havia sol, verde e nem vida. Comecei a observar que muitas criaturas se escondiam em grutas e se debatiam. Eram cenas terríveis onde cada um vivia o seu momento, o momento em que cometeram o suicídio. Encontrei um cantinho vazio e lá eu me escondi, procurando me refazer para que eu pudesse pensar o que é que estava acontecendo comigo. As dores eram muito fortes, mas como já disse, não havia onde pedir ajuda. Não sei por quanto tempo eu fiquei escondida, sentia-me molhada e suja, fome e medo, o pânico era muito grande.

Depois, me encorajei a sair, pensei comigo mesma, eu não posso continuar assim, tinha que fazer alguma coisa, procurar alguém para que me desse uma resposta sobre o que estava acontecendo. Entretanto, uma certeza eu tenho: o veneno foi fatal e eu não estou

---

[4] Dante Alighieri é considerado o maior poeta da língua italiana. Viveu entre os séculos 13 e 14 e, entre suas obras, há o clássico chamado "Divina Comédia". Nela o escritor descreve, entre outras passagens, os nove círculos do inferno.

mais viva. As lembranças ficaram todas confusas, por mais que eu quisesse me recordar daquelas pessoas que conviveram comigo, tudo se confundia na minha mente. Fui me esgueirando, me segurando nas paredes lodosas e tentei sair, olhei para os lados e o infortúnio continuava. Olhei distante e vi uma luz pequenina que ia se aproximando do alto. Formada por diversos seres, enchi-me de esperanças, perguntando como os seres que dela faziam parte podiam se movimentar sem tocar o chão. Flutuavam e cada um deles trazia em seu peito uma luz muito forte, e esta luz clareava todo o ambiente. Os gritos eram ferozes e desesperados pelo medo da luz. Aquelas criaturas todas destruídas, se debatiam, contorcendo-se em convulsões constantes, o que aumentava com a aproximação da luz. Os seres iluminados quase chegavam ao chão, passavam pelas grutas e paravam. A mim a luz não causava medo, pelo contrário, era benéfica. Fui sentindo alivio e me entreguei àquele momento, percebi que os pontos de luz me faziam sentir melhor, mais fortalecida e ficava na expectativa da volta destes seres, pois era o único momento em que sentia um pouco de paz. Era como se estivesse me isolando de todo aquele desespero a minha volta.

Em uma destas visitas, senti que um ser me olhava com muito carinho, sem que eu o reconhecesse. O ser de luz se aproximou e começou a conversar comigo de uma forma diferente. Sua voz vibrava forte dentro de mim. Disse então:

- Eu vim para lhe explicar algumas coisas que estão acontecendo com você.

E como num passe de mágica, comecei a me lembrar de minha vida, de tudo que fiz e fui voltando ao passado até chegar ao momento em que me vi preparando o veneno que tomei. Voltei a sentir aquela dor terrível, me desesperei, mas com o amor e carinho que recebi naquele momento, ouvi-o dizer com muita calma:

- Você está no vale dos suicidas, cometeu o maior crime, tirou a sua própria vida. Transgrediu a luz divina e neste lugar aprenderá a valorizar a vida.

Eu quis dizer alguma coisa, me desculpar, e ele mansamente me falou:

- Você não tem nada a dizer agora que amenize este ato que cometeu, vai ter que aprender a conviver por um longo tempo com estas criaturas até se libertar desta energia que traz com você, reconhecendo que o que fez, não foi certo. Vai chorar muito e vai sofrer muito aqui, mesmo pensando que é injusto estar neste lugar. Nós voltaremos sempre para ver a sua evolução.

A luz foi se afastando, afastando, eu gritava desesperada para não me deixarem lá, porque tinha muito medo. Suas últimas palavras foram:

- Você vai ter que aprender a conviver com o medo. Procure lembrar-se de momentos bonitos que já viveu. Sinta Deus e deixe o amor divino envolvê-la. Logo tudo isto termina.

Conforme os seres iluminados iam passando, eu percebia que muitos habitantes daquele lugar eram sugados por aquela forte energia. Eu os via subindo, acompanhando a luz, que a meu ver era fraca, até serem acomodados em um veículo posicionado no alto. Em seguida o veículo partia e com ele a luz também ia se distanciando até novamente dar lugar às trevas. Voltava, por fim, a situação de desespero junto com o ódio dos que me perseguiam.

Cansada de tanto sofrer, resolvi criar coragem. Na medida em que deveria viver naquele local seria melhor me acostumar, seria melhor aprender a conviver com os que lá estavam também pelo fato de terem cometido suicídio como eu. Fui tentando manter conversas, mas muitos nem falavam, grunhiam, atiravam tudo que viam pela frente e eu fui me aventurando a caminhar.

Muitos deles eram aterrorizantes, tinham sangue escorrendo pelo ouvido, boca e partes do corpo abertas em feridas; outros completamente arrebentados, tentando juntar os seus pedaços. Eram cenas terríveis que se repetiam incessantemente. Em muitos momentos vivia novamente o ato de meu suicídio. Sentia o calor do líquido descendo e me destruindo por dentro, agonizava, me retorcia debatendo-me desesperadamente querendo me livrar de tudo aquilo. Depois, a situação se acalmava e eu refletia sobre tudo que fizera. Muito tempo se passou e fui melhorando, conseguindo me relacionar melhor com os que habitavam o local. Encontrei um jovem que parecia estar em melhor estado que os outros, apesar de espumar um líquido verde e ter seus olhos esbugalhados. Aproximei-me, perguntando o que havia acontecido. Mesmo estando com um olhar desesperador e mal conseguindo se expressar, acabamos nos juntando para que pudéssemos nos proteger dos seres violentos que tanto nos assustavam e perseguiam. Fomos nos tornando amigos e isso contribuiu para que aos poucos ambos fossemos melhorando. Víamos sempre a caravana chegar com sua luz irradiando sobre todos. A maioria entrava em grande desespero, inclusive nós também tentávamos nos esconder, pois estávamos muito tempo na escuridão e a luz nos punha medo. Passavam, mas nunca mais conversaram comigo, olhavam carinhosamente e eu gritava querendo ser ouvida:

- Falem comigo, não está na hora de sair daqui?! Estou arrependida do que fiz! Levem-me com vocês, não aguento mais sofrer!

Eles simplesmente olhavam, recolhiam os que já estavam prontos e seguiam o seu caminho, eu fiquei mais ou menos uns 50 anos naquele vale sofrendo.

Eu e meu companheiro tínhamos o nosso canto onde sempre ficávamos tentando nos proteger, mas mesmo assim sentíamos muito frio, fome e medo. Répteis passavam por nós, nos comendo, o que causava muita dor. Um dia nos encorajamos a sair dali para tentar encontrar um lugar menos inóspito, onde pudéssemos permanecer. Olhava-me naquele estado deplorável e entrava em desespero, pois sempre cultivei minha beleza e agora não tinha como mudar a aparência. As roupas quase não existiam mais, estavam rasgadas e sujas. Esperamos um momento de trégua entre uma tempestade e outra até que pudéssemos nos arrastar para fora e deixar aquele lugar. Onde nos encontrávamos todos se arrastavam. Logo visualizamos um local que parecia ser melhor. Ficava um pouco mais alto e resolvemos lá nos refugiar. Era uma área mais tranquila onde as pessoas pareciam um pouco menos enlouquecidas dos que estavam mais embaixo.

Sentamo-nos encostados um ao outro e começamos a contar nossas histórias, ele disse:

- Como você, também tomei veneno, porque perdi a minha família, roubaram a minha fortuna, perdi tudo e entrei num desespero muito grande e resolvi tirar a minha vida. Não me lembro de mais nada e de ninguém, só sei desse pedaço de minha história e é isto que eu vivo constantemente.

Também contei a ele a minha história e ficamos ali esperando um milagre acontecer. Eu acreditava que aqueles seres iluminados um dia nos resgatariam. O que nos restava era aguardar. Não conseguíamos tomar nenhuma atitude para nos ajudar, pois nos era impossível pensar com clareza. As constantes tempestades traziam torrenciais águas lodosas vale abaixo, arrastando violentamente tudo e todos por onde passava. Mais uma vez fomos jogados ao fundo, junto com os terríveis zumbis. Ao fim de cada tempestade, nos sentíamos mais fracos e imundos. Fui agredida e insultada inúmeras vezes, ouvia coisas que não entendia. A tempestade passou e tentamos novamente nos arrastar para aquele local de onde havíamos acabado de cair.

Durante o caminho, um dos seres monstruosos com que me deparei já era meu conhecido. Esse, especialmente, eu não sabia o motivo, me perseguia com maior obstinação. Suas pernas eram arqueadas, seus braços tortos e de seu abdômen dilacerado expeliase jatos de vermes. Vômitos de um líquido limboso e verde saíam de seus ouvidos, bocas e nariz. A nefasta criatura blasfemava horrivelmente e com suas mãos tortas lançava-me os fétidos excrementos que dele abundavam. Foi difícil me livrar dele, quando consegui procurei descansar com meu amigo.

Vimos uma luz muito distante que foi se aproximando e dessa vez parecia que vinha em nossa direção. Aproximou-se mais até onde estávamos escondidos e aquela pessoa, que eu já conhecia, parou em nossa frente e disse ao meu companheiro:

- Está na hora de ir embora desse lugar, você já aprendeu a valorizar a vida. Chegou o seu tempo de aprender outras lições.

E voltando-se para mim, falou:

- Você ainda vai ficar mais um tempo. Sua hora está por vir. Não esqueça que Deus é a força divina e está em você.

Desesperei-me, porque meu único amigo estava partindo. Como eu iria ficar ali só? Entretanto, foi depois dessa visita que algo despertou em minha lembrança e comecei a refletir: eu o conheço, quem será ele? Ele me olhava com muito carinho e ao partir me acenou levemente. Levaram meu companheiro e foram se afastando, fiquei só, profundamente só. Apesar da intensa e dolorida solidão, consegui reunir o mínimo de forças e vontade para tomar a decisão de que não voltaria a ser lançada às profundezas do vale, mesmo que para isso tivesse que me agarrar ou até mesmo grudar-me às rochas.

Outro mundo

*"Se acredito na vida após a morte?
Não sei nem se acredito na vida antes da morte!
Acho que acredito na morte durante a vida"*

Groucho Marx, comediante estadunidense

Decidi não me aventurar mais e assim fiquei grudada como se fizesse parte daquelas rochas. As dores e as cenas do momento do suicídio diminuíram, conseguia pensar com mais clareza e sentir melhor meu corpo, parecia que algumas partes dele estavam se refazendo e eu ficava feliz com esse progresso. Sentia as minhas pernas e conseguia ficar mais tranquila, não tinha tanto medo, me sentia protegida, apesar de ainda não enxergar e de não saber quanto tempo estava naquele estado.

Novamente veio a caravana com aquele ser que estava em minha lembrança. Ele foi se aproximando e ficamos frente a frente. Depois desse dia nunca mais me esqueci de seu rosto. Tentei me esconder e ele calmamente pediu que eu não ficasse assustada:

- Filha, não se esconda, venha. O seu dia chegou e agora você iniciará uma nova fase de sua caminhada. Tenha coragem, pois o momento é de alegria!

Fui me arrastando e me aproximei dele, sentindo um alívio muito grande. Ele começou a falar comigo, dizendo tantas coisas bonitas e aquilo foi despertando minhas memórias, tudo o que eu havia vivido. De repente meus sentimentos e minha razão me levaram a um profundo momento de catarse. Dei um grito de desespero e de emoção ao recordar quem ele era. Vi toda sua beleza redescobrindo instantaneamente o amor e a saudade que sentia por ele. Jordan iluminado, doce e meigo com seus braços abertos me acolhendo com seu peito amoroso e cheio de luz, afagando meus cabelos ao mesmo tempo em que dizia: - Oh...minha menina, porque você fez isto? Mas agora não há como voltar atrás, o que você pode é refazer, recuperar-se e eu estou aqui para lhe ajudar a continuar na sua caminhada que ainda é bastante dolorosa.

Eu só consegui dizer:

- Jordan você veio me buscar...que bom que você não me esqueceu...eu quase já havia perdido todas as minhas lembranças. Quero muito ser feliz junto com você.

Ele sorriu dizendo:

- Sim, você vai agora comigo para um outro lugar mais distante do que o vale dos suicidas, vai continuar em tratamento. Despedi-me daquele local e das criaturas que me ajudaram mesmo sem saber. Aconcheguei-me nos braços de Jordan e me deixei levar por ele, porque era o ser que eu mais confiava. Jordan disse:

- Agora você vai para as zonas umbralinas, vai para um hospital para que possa refazer tudo aquilo que destruiu em você. Apesar de já ter consciência de seu ato, de tudo aquilo que fez, existem muitas outras histórias que ainda desconhece, por isso o perdão é necessário. O Criador não é injusto, e não nos castiga, somos nós os responsáveis de nossos infortúnios. Você, minha filha, em outras encarnações despertou muitas paixões nos homens, e não soube lidar com isto. Um dia você terá as respostas de tudo que lhe aconteceu.

Fui levada para uma colônia e quando acordei estava num lugar tranquilo, limpo, só que eu tinha medo de me olhar, eu continuava com aquela forma horrível e por isso me debatia. Era como se eu tivesse ataques, me contorcendo e me negando a estar num lugar tão limpo quando me sentia ainda tão impura e suja. Os seres limpos e belos que entravam e saíam daquele ambiente, rodeavam minha cama, estendendo os seus braços e de seus olhos e mãos emanavam luzes que iam me acalmando e me aquecendo, pois, o frio que sentia era grande. A cada saída desses amigos eu olhava para mim e ia vendo meu corpo se refazendo aos poucos.

Estava no umbral, numa colônia onde os que eram retirados do vale dos suicidas eram encaminhados. Fiquei naquele tratamento por um longo período até que aquela mesma mão carinhosa voltou a me afagar, afirmando:

-Olha para você, sinta, veja como está melhor a sua aparência, a cada dia está ficando mais bonita.

Até então eu me escondia de mim mesma, não queria ver a destruição que havia feito em meu próprio corpo, apesar de ainda não recordar da maior parte dos fatos ocorridos. Jordan continua:

-Você vai começar devagar a sair deste quarto recebendo da natureza o tratamento que precisa.

Aos poucos comecei a sair na companhia de Jordan e vagarosamente abria meus olhos espirituais. Comecei a ver um lugar bonito onde eu podia caminhar com tranquilidade, mas ainda sentia dores e medo. Esperava que os meus acusadores retornassem para me agredir, mas Jordan dizia:

- Aqui eles não vêm, pode caminhar sossegada. Voltava para o meu quarto e me sentia cada vez mais fortalecida. Fiquei nesse local por muitos anos. Em uma bela tarde, caminhando pelos jardins e conversando sobre vários assuntos, Jordan falou:

- Minha menina você passará por momentos dolorosos necessários à retomada de sua memória. Você precisa se lembrar de fatos que ocorreram na sua última encarnação. Somente assim poderá libertar-se dos seus medos e culpas.

Fui encaminhada para uma sala onde me sentia sempre amparada por esse amigo, ele disse:

- Agora você vai reviver alguns momentos da sua vida anterior. Não tenha receio, pois está entre pessoas que lhe querem muito bem.

A sala em que estava era pequena e confortável. Uma grande tela se abriu em minha frente, exibindo um clarão intenso. Comecei a ver minha antiga casa onde vivia com a minha família na Inglaterra entre os séculos XIV e XV.

Via-me correndo feliz pelos campos feliz e, em seguida, mostrou-se a violenta cena de minha adolescência. Desesperei-me gritando que não suportaria passar por tudo aquilo novamente e a voz tranquila de Jordan dizia ser necessário vivenciar tudo outra vez. Várias passagens que vivi naquela época iam e vinham muito rapidamente. Lembrei-me de minha amiga me tirando daquela casa, do momento da despedida, da fuga, de todo o vazio e no momento seguinte a tela se apagou. Em seguida novamente abriu-se nova imagem e eu me vi em meu antigo castelo, esplendorosa e gloriosa. Comecei a ficar feliz, mas imediatamente surgiram os trágicos momentos da invasão do castelo, da preparação dos venenos que provocaram a morte de muitos. Entrei em pânico ao assistir os insanos atos que cometi e que ordenei que cometessem. Mais uma vez Jordan veio ao meu socorro:

- Vamos parar por agora, você precisa descansar, vamos voltar para o seu quarto.

Os meus queridos irmãos me deitaram e colocando-se em minha volta irradiaram muita luz, o que permitiu que eu adormecesse. Ao longo dos dias continuei fazendo minhas caminhadas e o meu amigo cuidando para que me fossem trazidas as lembranças dos principais momentos de minha última vida. Essa era uma terapia muito importante para meu processo de reeducação, apesar de ser bastante triste. Durante esses momentos sentia medo, pois não queria recordar. Havia muitas cenas de algumas das mortes que provoquei; via também quando Lírio foi fatalmente espancado; minhas irmãs; a invasão de meu castelo sendo destruído em nome da falsa moral defendida pelas elites da época, inclusive religiosa; minha fuga para a casa de Jordan; o momento de meu desencarne e de todo o planejamento que fiz para isso, baseada na ideia equivocada de que me livraria do sofrimento. Revendo tão claramente o passado tive a consciência de que não poderia mudar mais nada da minha história, tudo já havia acontecido. Era a hora de assumir as responsabilidades.

Certo dia Jordan me apresentou uma linda senhora de nome Lucélia que me recebeu com um sorriso largo maravilhoso e disse:

- Seja bem-vinda em sua nova morada. Dê-me sua mão e permita-me ser sua amiga! Jordan, feliz, falou:

- Minha menina ficará com você, tenho a certeza que ela vai progredir e aceitar com muita doçura este novo tratamento.

Lucélia me levou para sua casa, dizendo que lá seria a minha casa por enquanto e todos os dias eu era levada ao hospital, onde era assistida por uma equipe médica e passava por vários tratamentos. Já podia me ver, me sentir e me via mais bonita, mas com algumas deformidades ainda, entretanto estava melhor. Voltávamos para casa e todos que lá viviam sentavam-se em volta de Lucélia, todos eram reincidentes saídos do Vale dos Suicidas, já haviam cometido suicídio por algumas vezes e ela dizia para mim, que eu havia cometido apenas uma vez e esperava que fosse a única.

Naquele local comecei a fazer amizades, encontrei seres que como eu passavam por um período de fragilidade. Fazer amigos era muito importante para todos nós que estávamos nos recuperando. A natureza esta sempre presente em nossas vidas, ao entardecer assistíamos o por do sol, que visto da espiritualidade se tornava um espetáculo ainda maior. Todos se encaminhavam para um local muito grande, entrávamos em um local com uma cúpula imensa e a nossa frente se abria uma luz brilhante que ofuscava nossa visão. Seres lindos diziam palavras bonitas que despertava nossos melhores sentimentos. Fui informada que era um lugar onde os suicidas eram recolhidos e encaminhados para a recuperação, por óbvio o tema principal do tratamento era sobre o suicídio. Da mesma forma que no plano físico, cada um ia à frente e contava sua história. Naquele contar passávamos individual e coletivamente por um tipo de catarse, sendo que para isso recebíamos muita proteção, porque o sofrimento vinha à tona geralmente de forma violenta. Além da energia que recebíamos, nos diziam:

- Sabemos que tudo isso causa muito sofrimento, mas faz parte da conscientização de todos, para que vocês possam sair daqui bem melhores e prontos para novas tarefas.

Neste dia ao voltar para casa tive uma surpresa, minha mãe estava a minha espera, foi uma emoção muito grande. Abraçamo-nos com muito carinho e saudade e quando ia contar a ela tudo que me aconteceu, ela me disse:

- Já sei de tudo que lhe aconteceu, sempre estive presente em sua vida através do meu amor. Peço a você minha filha que cultive o sentimento do perdão, pois só assim vai se libertar dessa dor, infelizmente não posso ficar com você, meu caminho é outro, mas vou continuar a te amar sempre!

Essa foi a única visita que recebi de minha mãe.

Voltar à vida

"É fazendo que se aprende a fazer
aquilo que se deve aprender a fazer"

Aristóteles, filósofo grego

Após a visita de minha mãe e de muitas conversas com Jordan, comecei a pensar que nada acontece por acaso. Com certeza fiz algo a meu padrasto, mas ainda não tenho acesso a esse passado. Entretanto, já tenho conhecimento suficiente para compreender e ir perdoando.

Em uma tarde, Jordan e sua equipe nos levou para conhecer outra parte do Umbral. Contando com a proteção dos amigos espirituais, vimos a tristeza que lá existe. Jordan nos explicou:

- Esta proteção existe para que vocês não sejam atingidos. Os espíritos que lá habitam ainda não estão prontos. Mesmo não tendo cometido suicídio como vocês, eles são suicidas através dos excessos que cometeram na vida. A responsabilidade é menor, apesar de terem provocado suas mortes prematuras.

Ele fazia muita questão de frisar isso e suas palavras batiam em mim como uma punhalada e como doía

Jordan nos falou que esta parte do Umbral é de muito sofrimento, mas menos do que no vale onde nos estávamos. Nesse primeiro pavimento o tratamento é diferente do Vale dos Suicidas.

Começava a me sentir melhor, estava mais forte, caminhava com firmeza e até sentia alegria com algumas coisas. Um dia eu e Jordan caminhávamos pelos jardins, nos sentamos em um banco embaixo de uma árvore frondosa, ele me abraçou emocionado e falou:

- Minha menina, o seu período aqui também terminou, você já tem condições de ir para outro lugar, pois já faz dez anos que está aqui. Você já aprendeu muita coisa e está preparada para ajudar aqueles que precisam, que como você, um dia também tiveram esta atitude, de cometer o suicídio.

Ao chegar o dia de minha partida me despedi dos amigos e acompanhei Jordan. Os portões se abriram e assim eu pude começar minha nova jornada.

Ele me levou para um local onde tinham equipes já em atividade.

- Você vai viver e trabalhar aqui. Sua tarefa será receber aqueles espíritos que chegam e dar a eles toda assistência. Diferentemente do Vale dos Suicidas, aqui eles se culpam e negam o perdão para si mesmos.

Jordan se foi e fiquei ali para iniciar meu trabalho. Como eu, também chegavam muitos espíritos recém recuperados para cumprir suas missões. Apesar de o local não ser tão ruim quanto onde estive longos anos, eles também se agrediam, corriam uns atrás dos outros, jogavam pedras, lama, lançavam cobranças e formavam grupos para atacar os mais fracos.

Todos tinham amparo e ajuda, mas nem sempre aceitavam. Cada membro da equipe era incumbido de cuidar de um grupo e dar a eles toda assistência, orientação e explicação do que estava acontecendo, além de encaminhá-los para os locais de tratamento e reuniões. Fiquei muito tempo realizando este trabalho que me proporcionou um grande crescimento espiritual. Aprendi muita coisa com aqueles espíritos.

Fiz este trabalho com muito empenho e carinho, às vezes me sentia fraca e muitas vezes precisava receber tratamento porque perdia as minhas forças. Acabava me envolvendo com o sofrimento deles e voltava a me lembrar de meu ato desesperado. O suicídio é uma cena muito difícil de se apagar da lembrança. Fiquei uns vinte anos desenvolvendo esta atividade até que Jordan veio me buscar, dizendo:

- Você agora vai para outro lugar, vai receber a oportunidade de reencarnar.

Desesperei-me porque não queria, pois não sabia o que me esperava. Jordan me levou para um lugar muito grande e bonito.

- É aqui que os espíritos são preparados para a volta à vida física. Agora você ficará com outros amigos. Nosso contato temporariamente para por aqui. Depois desta porta, eu não poderei entrar, mas tenha sempre em sua lembrança que o meu amor permanecerá com você, lhe encorajando a cumprir mais uma fase de sua caminhada. Não existe separação para aqueles que se amam.

Naquele local os espíritos que vão reencarnar passam por várias etapas de preparação. Primeiro vamos nos desfazendo de tudo aquilo que aconteceu em vidas anteriores e também da vida espiritual. Na fase final somos recolhidos para uma sala muito limpa, tranquila e iluminada. Lá um dos trabalhadores desse local me disse:

- Agora, tudo aquilo que aconteceu com você será temporariamente apagado. Você terá a sensação de estar diminuindo e voltará a reencarnar, vivendo uma nova vida. A vida é sábia e justa. Reencarnar é a oportunidade de apararmos nossas arestas.

Passei por várias reencarnações rápidas, sempre muito sofridas, mas que me ajudaram a aprender um pouco mais no meu caminho da evolução. As escolhas são nossas, de acordo com as responsabilidades que carregamos até acordarmos para o nosso melhor.

O que relatei sobre o Vale dos Suicidas é uma pequena parte de todo o sofrimento dos espíritos que cometem este ato insano, mas a sabedoria divina é muito grande e nós acabamos não ficando com todas aquelas cenas na lembrança, mesmo tendo primeiro de conviver com elas durante um longo período. No trabalho que fiz junto à equipe de socorro para retirar os espíritos do Vale dos Suicidas, aprendi a vê-los com os olhos do coração, passei a vê-los como seres que precisavam de muita ajuda e não simplesmente como criaturas horripilantes e deformadas. O desespero daqueles espíritos que lá estavam me deu forças para continuar o meu trabalho e através dessa força que recebi deles, prometi a mim mesma que por pior que fosse qualquer reencarnação que eu tivesse, assumi o compromisso com o Universo de jamais novamente cometer suicídio. Chorava muito quando via tanto sofrimento e assim ficou gravada em meu espírito essa vontade de socorrer todos os seres que sofrem por ignorância, rebeldia, medo, orgulho e acabam cometendo atos até chegar à insanidade.

O vale dos suicidas é o pior entre todos os hospícios, onde se perde toda a sanidade. Por ter sofrido muito me comprometi a nunca mais reclamar de qualquer realidade que tivesse de viver. Foi com esse sentimento que aceitei as minhas futuras encarnações, sempre com muita força, empenho e determinação. Cumpri todas as etapas, que foram várias, e necessárias para que eu pudesse resgatar um pouco os meus atos tresloucados.

Aqueles espíritos com os quais eu convivi, me ajudaram a perceber e sentir em mim as minhas fragilidades, os meus defeitos. Através deles comecei a sentir a luz e a me conscientizar dos meus atos, por isso o meu comprometimento com o universo, seja o que for que eu tenha que viver, aceitarei sem reclamação.

A convivência com as sombras me fez entrar em contato com meu lado negativo, e através dessa percepção é que pude enxergar a luz, começando a aceitar a ajuda com muito mais sentimento, com muito mais verdade e assim acordar para o perdão.

Foi nessa fase que comecei a olhar aqueles que me agrediam com outros olhos, os olhos da compreensão. A partir de toda essa mudança verdadeira e sincera fui me preparando para uma nova encarnação.

Entreguei-me àquela nova fase, a preparação para a volta. Na vida terrena, onde conheci novos amigos, fui fortalecida para aquele momento tão delicado de minha existência. Passei a olhar o meu passado com outra visão, deixei de buscar responsáveis por todo o meu sofrimento, pois se agiram como agiram comigo foi porque criei alguma situação no passado distante, causei a eles danos no qual eu tenho que acertar comigo.

Aprendi que esta força maior, que está no comando do universo, não castiga, apenas nos oferece o livre arbítrio. A lei que rege o universo é imutável, é a lei da causa e efeito, sem distinção.

Eu vi que não estava fora desta lei e a sabedoria divina através de tantos seres maravilhosos nos desperta para nós mesmos.

Por isso agradeci e continuo a agradecer por tudo que passei, me transformei num ser diferente, com ideias mais claras, com sentimento e com respeito aos meus semelhantes.

Fica aqui registrado o meu agradecimento a toda espiritualidade, a todos espíritos que me ampararam durante um longo período, tão doloroso da minha vida, o meu agradecimento a eles é eterno e nunca me esquecerei de todos.

Deixo assim uma mensagem: jamais cometam o ato de suicídio e não queiram viver essa experiência que é a pior de todas.

Quando fui chamada para uma nova encarnação senti medo. Fiquei insegura e perguntei a mim mesma: será que conseguirei cumprir a minha missão? Não sei o que me espera e quem me espera para caminharmos juntos.

Nesse momento lembrei-me de suas carinhosas palavras e ensinamentos. Com isso pude me sentir mais forte e resolvi encarar esse novo desafio, pois nunca estamos sozinhos. Deus está sempre presente e sua Luz brilhará pela eternidade.

Parte 2
Brasil

"Não há maior dor do que a de nos recordarmos dos dias felizes quando estamos na miséria

Dante Alighieri, pensador italiano

O Brasil e o mundo nas primeiras décadas do século 20

1889

A família Real é expulsa do Brasil

1889

O Brasil passa a ser uma República

Marechal Deodoro da Fonseca, proclamou a República em 15 de novembro de 1889
Interessante observar que um período mais democrático no Brasil teve início a partir de um golpe militar. O primeiro Presidente da República foi imposto e não eleito por meio do voto direto e de todos os cidadãos.

1904

Vacinação obrigatória no Rio de Janeiro cria revolta na população

Entre 10 a 16 de novembro a população carioca se manifesta contrariamente à vacinação obrigatória da varíola

1905

Einstein anuncia a Teoria da Relatividade

O tempo passa a ser visto como algo que não é absoluto: ele flui de maneira diversa para diferentes observadores no Universo. Ou seja, o tempo é relativo e nem mesmo pode ser visto separadamente em relação ao espaço. Portanto, o correto seria falar tempo-espaço.

1906

Santos Dumont voa com o 14 Bis

1910

Revolta da Chibata no Rio de Janeiro: milhares de marinheiros se rebelam contra as pesadas punições oficiais

1912

Guerra do Contestado. Junto com a Guerra de Canudos, é um dos maiores confrontos ocorridos no Brasil. Envolveu 10 mil soldados do exército popular de camponeses e trabalhadores, bem como 9 mil das forças militares governamentais. Estima-se, ainda, que ao longo de 4 anos, morreram 20 mil pessoas entre civis, combatentes do exército e principalmente revoltosos, além da destruição de milhares de casas e construções em 10 cidades.

1906

Começa a Primeira Guerra Mundial que termina em 1919 com a assinatura do Tratado de Versalhes.

1917

Primeira Greve Geral no Brasil, iniciada em São Paulo

Em 09 de julho de 1917, o jovem sapateiro espanhol José Martinez foi assassinado pela polícia de São Paulo.

Esse ato foi o estopim da Greve Geral de 1917.

1917

Revolução Socialista na Rússia: é criada a União das Repúblicas Socialistas Soviéticas (URSS)

1922

Realizada a Semana da Arte Moderna em São Paulo

1925

Começa a Coluna Prestes

A Coluna Prestes foi um movimento de militares e civis rebelados contra a República Velha. Em dois anos e meio de lutas e combates, percorreu mais de 25 mil quilômetros no Brasil, tornando-se a segunda maior marcha militar da história da humanidade. O objetivo era pressionar o poder instituído e chamar a atenção da população para a importância da conscientização e da organização. Entre suas principais reivindicações estavam a defesa do ensino público, a obrigatoriedade do ensino fundamental e o voto secreto. Sua principal liderança foi Luís Carlos Prestes.

Olga Benário foi casada com Luís Carlos Prestes. Deportada pelo governo brasileiro para a Alemanha nazista lá foi executada em câmara de gás em 1942.

1929

Crise econômica mundial com a quebra da Bolsa de Nova Iorque

1930

Getúlio Vargas, por meio de um golpe, torna-se presidente do Brasil

1932

Revolução Constitucionalista em São Paulo.

A elite política e empresarial paulista recusa-se a aceitar o Governo de Getúlio Vargas, rebelando-se por meio de uma Guerra Civil. Soldados paulistas.

1937

Getúlio Vargas inicia um período de ditadura (Estado Novo) que vai até 1945, quando deixa o poder pela primeira vez.

1939

Começa a Segunda Guerra Mundial que termina em 1945.

O vencedores da Segunda Guerra, começam a dividir o mundo entre si, especialmente Estados Unidos e União das Repúblicas Socialistas Soviéticas (URSS). Acaba a Segunda Guerra e Começa a Guerra Fria. Curchill (Reino Unidos), Roosevelt (Estados Unidos) e Stálin (URSS). Conferência de Yalta (04 a 11 de fevereiro de 1945).

Miséria e sofrimento

*"O amor não conhece sua própria intensidade
até a hora da separação"*

Khalil Gibran, escritor libanês

Minha última reencarnação foi em 1902, no nordeste do Brasil, estado do Ceará, vilarejo de Olinda. Nasci em um belo dia de sol, 21 de fevereiro, e recebi o nome de Maria Eugenia. Minha casa era uma pobre choupana, sendo que meus pais já haviam tido vários filhos, muitos deles já desencarnados por causa da fome. Fui a nona filha de Clotilde e Severino, e quando eu vim ao mundo somente três ainda estavam vivos, os outros já haviam morrido bem pequenos.

Minha mãe ainda era jovem, mas bastante envelhecida pela dura vida, meu pai um lavrador que lutava com a terra seca e árida, tentando tirar dela um pouco de alimento para sua família. Aquilo que ele plantava dificilmente nascia, eram pessoas que viviam rezando para que a chuva chegasse e para que algo brotasse da terra. Nasci, fui recebida, nem sei se foi com alegria, porque sabiam das dificuldades que enfrentariam para alimentar mais uma boca. Minha mãe tinha os seus seios secos, porque também não se alimentava para que pudesse me dar o seu leite.

Passadas algumas horas do meu nascimento, precisava ser alimentada, e foi chamada uma mulher da vizinhança que havia parido há pouco tempo para que pudesse me dar um pouco do seu leite. Apesar da fome, eu era uma criança forte, robusta, e esta senhora veio me alimentar nos meus primeiros dias de vida.

Por exemplo, um irmão meu que já estava com três, quando eu tinha apenas duas semanas de idade, desencarnou vítima da fome. O ambiente era de profunda tristeza e muita miséria, vivíamos distantes de tudo e ainda por conta de "favor" em terras dos "coronéis". Estes eram grandes latifundiários e concentravam a maior parte da riqueza. Mantinham-se no poder por conseguirem nos condenar, e a todo o povo nordestino, à imensa ignorância. Essa é uma parte da história do Brasil que apesar de ter melhorado um pouco, ainda está muito presente. Desde que nasci e muito fortemente nas décadas seguintes, o Nordeste, por essa situação, se tornou um "exportador" de mão de obra praticamente escrava para as regiões do sul e sudeste do país. Milhões de nordestinos migraram, principalmente, para o Rio de Janeiro e São Paulo, em busca de melhores condições de vida. Famílias inteiras se aventuraram, pois não tinham mais nada a perder.

As posses de nossa família eram muito modestas. Tínhamos três cabras que davam um pouquinho de leite, mas somente quando elas tinham algum alimento também.

Sobrevivi nesse ambiente hostil, sem eira e nem beira, sem esperança e sem amanhã, vivíamos o dia presente acreditando poder acordar no próximo dia com vida. Minha mãe, depois de meu parto, mesmo estando muito fraca e debilitada, teve logo que arregaçar as mangas porque o trabalho estava a sua espera e a terra continuava árida. Os lugares com um pouco de água ficavam muito distantes, sendo essa uma das suas tarefas, buscar água, trazendo em sua cabeça para que pudesse matar a sede dos seus filhos.

A minha infância foi amarga, não só a minha como a de outras crianças que lá viviam. Cresci ajudando meu pai, com mais dois irmãos que ainda estavam por ali, a levar o que plantávamos para vender na feira do vilarejo ou trocar com outras mercadorias.

Aos sete anos de idade, tive uma infecção muito séria e quase desencarnei, o que me salvou foram algumas ervas que eram o único recurso. Passei por isso e continuei a minha caminhada junto com os meus. Aquelas terras eram dos coronéis e o pouco que colhíamos eles levavam.

Quando eu estava com 12 anos, o coronel Odorico e sua mulher Lindaura foram visitar suas terras e conversando com os meus pais, pediram se poderiam me levar com eles para ajudá-los nos serviços da casa. Esse coronel morava no Sudeste, divisa de Minas Gerais com São Paulo, onde possuíam uma fazenda.

Minha mãe, depois do meu parto, teve ainda mais duas meninas, estavam pequenininhas e todas se acabando pela falta de alimento, caminhavam rapidamente para a morte. Minha mãe não encontrando outra saída veio conversar comigo e me disse:

- Filha se tu ficar aqui vai acabar morrendo como teus irmãos e para onde tu fores, vai ter alimento, tu vais sobreviver. Você não imagina filha, o quanto nos dói tomar essa decisão, mas eu e seu pai queremos que você possa viver e até ser feliz.

Eu me desesperei, porque não queria me separar de minha família, mas minha mãe argumentou, insistiu até que me convenceu. Em troca, o coronel daria alimentos, além de uma retribuição financeira e também a propriedade daquele pequeno pedaço de terra em que morávamos, portanto, a colheita passaria a ser toda de minha família. Apesar da dúvida e do pavor que sentia, ouvindo a proposta dele, resolvi aceitar, pensei e sinto que será melhor para eles, pois teriam outra oportunidade de uma vida melhor.

Eu não sabia ler nem escrever, a ignorância era total. Comecei a juntar os meus trapos, porque não tínhamos quase o que vestir, e a me preparar para a partida que seria dali a três dias. Esse pequeno período foi um enorme tormento, iria me separar das minhas raízes, daquele povo tão meu e, tinha certeza, nunca mais iria vê-los. Sentia que a minha história com eles estava terminando com a minha partida. Deixei a casa de meus pais e também parte de mim. Levei comigo a tristeza e o medo do desconhecido, eu não imaginava o que estava a minha espera.

Na flor da idade

"A inocência não se envergonha de nada"

Jean-Jacques Rousseau, filósofo francês

Partimos até a cidade grande em cima de lombo de burros, às vezes subia até a carroça, e da cidade grande, pegamos uma velha jardineira que parava de tempos em tempos para nos refrescar um pouco e continuar a viagem. Viajamos por vários dias, chegamos à fazenda do coronel Odorico ao entardecer, a diferença era muito grande da terra em que eu vivia, havia um rio que atravessava a fazenda, o lugar era muito bonito, cheio de verde, plantações vistosas, logo avistei uma linda casa, mas que com certeza não moraria nela. O tempo foi passando e fui procurando me acostumar com minha nova vida, ajudava dona Lindaura nos afazeres da casa, trabalhava na horta e, o que colhia, levava até a casa grande e também lavava as roupas de toda a família. O coronel Odorico tinha três filhos homens, que eram soberbos, orgulhosos e que nunca olhavam para mim.

Eu dormia nos fundos da Casa Grande, num quartinho apertado e frio, sofria muito com a solidão, sentia saudades da minha família e sentia a falta de notícias. Eu procurava ser feliz, mas continuava sem esperança, mesmo não sendo tão bem tratada pelos senhores da casa, me alimentava muito bem, não passava mais fome. Fui crescendo e me tornando uma mocinha muito bonita, meus olhos eram verdes e os cabelos eram pretos e volumosos, meu corpo foi tomando forma de mulher, mas eu nem me dava conta disso. Certa manhã, acordei indisposta e percebi que estava sangrando, meu desespero foi muito grande, pois não tinha nenhuma informação do que estava acontecendo comigo.

Nessa fazenda existiam ainda alguns resquícios da escravidão, lá viviam alguns negros, filhos e netos de escravos. Conheci um casal de negros, dona Tina, e seu companheiro Joaquim, todos na fazenda a chamavam de vó Tina e era com ela que eu conversava, porque a sentia um pouquinho minha mãe. No dia que acordei sangrando, foi com ela que busquei ajuda.

- Vó Tina, acho que eu me feri, ou estou doente, pois estou com sangramento que não para. Já tomei meu banho e continuo sangrando.

- Filha, não é ferimento nem doença, você se tornou mulher, isto acontece com todas as meninas da sua idade, vai durar alguns dias e parar e você vai passar por isso todos os meses, mas não é doença e sim saúde.

Estava com quatorze anos quando isso aconteceu e vó Tina me ensinou alguns cuidados higiênicos que deveria ter e assim me acalmei.

Era ela que fazia as minhas roupas com o pouco que tinha, penteava meus cabelos e sempre me dizia que seria uma mulher bonita. Com a amizade e carinho da vó Tina fiquei mais solta, mais confiante e vivia correndo pelos campos, trabalhava muito, porque quanto mais adulta, mais trabalho eu ia recebendo, mas já me sentia feliz.

Dona Lindaura era boa comigo, não me tratava mal, mas não podia se exceder nos seus cuidados porque o coronel não permitia, ele dizia que eu era uma serviçal e deveria ser tratada como tal. Ela me ensinou como servir uma mesa, colocar os pratos, talheres e os cristais com delicadeza, e como se comportar ao servir as refeições, porque eu era um tanto desastrada e o coronel fazia questão de uma mesa bonita e de ser bem servido.

Dois dos filhos do coronel foram estudar fora e ficou apenas um, e com dona Lindaura também morava uma sobrinha "balzaquiana", rancorosa, cheia de raiva, seus pais haviam morrido e ela estava morando com sua tia. Eu sentia vindo dessa mulher um ódio muito grande, porque ela era feia, e eu acredito que pela minha beleza, que começou a ficar exuberante, lhe causava inveja. Percebi que o coronel começou a mudar comigo, me olhava muito, me tirou daquele quartinho frio e me colocou em outro quarto maior, mas como eu não tinha malícia nenhuma, achava que ele era bom por aquilo que ele estava fazendo.

Certo dia, cuidando dos meus afazeres na Casa Grande, ouvi dona Lindaura falar com sua sobrinha sobre a data daquele dia, o que me fez lembrar que era o meu aniversário, estava completando quinze anos, mas era um dia como outro qualquer. Após o almoço fui conversar um pouco com vó Tina e comentei que completava 15 anos, ela ficou feliz e me abraçou dizendo:

- Hoje é um dia muito importante para você, quinze anos é a primavera de nossa vida. Depois que você terminar o teu trabalho lá na Casa Grande venha até aqui, que vamos comemorar seu aniversário!

Ao anoitecer fui até a casa dela, e para minha surpresa, ela havia feito um bolo de fubá, fiquei muito feliz, pois foi a primeira vez que alguém fez isso para mim. Fiquei um pouco com a vó Tina e depois me recolhi para o meu quarto, estava pensativa lembrando de minha mãe, meu pai e meus irmãos. A saudade doía muito e pensei: o que terá acontecido com eles? Onde estará minha família? Depois que fui trazida pelo coronel, passou um tempo e ele vendeu o restante das terras próximas de onde meus pais moravam e nunca mais voltou lá, por isso não tive mais notícias de ninguém e essa falta de informação me deixava muito triste.

Estava distante, me sentindo lá na minha terra, por estar distraída assustei-me ao ouvir baterem na porta do meu quarto, abri e vi o coronel. Disse que queria conversar comigo, fiquei acanhada, mas ele era meu dono e eu não podia fechar a porta na sua cara.

Estava pronta para dormir, vestia o camisolão que ganhei da vó Tina, ela mesma tinha feito cheio de bordados e rendinhas.

Deixei o coronel entrar e ele começou a fazer elogios, foi nesse momento que eu comecei a perceber a cobiça deste homem por mim, seu olhar me assustava. Ele disse que eu estava precisando de roupas, queria que eu me vestisse melhor, porque eu já era uma moça e que para servir na Casa Grande eu precisava me trajar melhor. Eu não entendia muito o que ele falava, pois falava muito bem, era um homem estudado, agradeci timidamente toda aquela bondade. Dizendo o que queria, saiu do meu quarto.

No dia seguinte ele e dona Lindaura foram à cidade comprar roupas para mim, fiquei feliz com aqueles presentes e comentei com eles que no dia anterior havia completado15 anos. E ele olhando para mim comentou:

- Então você já é uma mulher!

Fiquei assustada com esse comentário, porque não entendia direito o que queria dizer. Em seguida saiu sem falar mais nada e dona Lindaura me acompanhou até meu quarto, mostrando-me os presentes.

Nova fuga para o inferno

*"Enquanto não tiveres conhecido o inferno, o paraíso não será bas-
tante bom para ti"*

Provérbio curdo

Os colonos da fazenda às vezes faziam festas no terreiro de café e já na primeira vez em que fui, junto com minha avó Tina, conheci
um jovem rapaz chamado José. Trocamos olhares afetuosos desde o
primeiro momento em que nos vimos. Ele era muito bonito e encan-
tador, o que fez com que rapidamente surgisse entre nós um grande
amor. O sentimento foi arrebatador e assim passamos a nos encontrar às escondidas, após meu trabalho na Casa Grande. Em não mais
de um mês estávamos completamente apaixonados. Ele me respeitava muito, me tratava com extremo carinho e gentileza. Sempre me
lembrarei das tardes de domingo perto do riacho quando íamos na-
morar e conversar sobre o futuro, ele dizia:

- Maria Eugenia, nós vamos nos casar! Vou trabalhar bastante
para lhe dar uma casa! Você terá uma família e não precisará mais
servir na Casa Grande!

Juntos, sonhávamos imaginando o lugar onde iríamos fazer esse nosso cantinho. Em uma dessas tardes, fui conhecer a família de
José, era numerosa, bastante unida e todos gostaram de mim, me
senti muito bem entre eles.

Depois que eu ganhei todos aqueles presentes do coronel, ele
não foi mais em meu quarto, mas o seu olhar de cobiça estava cada
vez maior. Sentia-me nua diante daquele homem, os seus olhos me
devoravam, mas eu não falava isso com ninguém, apenas para minha

avó Tina. Ela me repetia frequentemente para tomar cuidado com ele, pois era um homem mau e perigoso, sem moral ou escrúpulo algum.

Em um domingo, depois do passeio da tarde com meu amado pela margem do riacho, onde havia muitas flores do campo, ele me fez uma coroa de flores e a colocou em meus cabelos, dizendo:

- Como você é linda, parece uma rainha! Eu te amo!

Fiquei muito feliz com o presente e orgulhosa com o elogio. Começava a escurecer quando resolvemos voltar e ele me deixou próxima da Casa Grande. Fui direto para meu quarto descansar.

Naquele dia havia uma reunião na Casa Grande e eu já havia preparado tudo com antecedência. Devia ser aniversário de alguém, havia muita comida e bebida e de meu quarto ouvia-se a música que tocava e todo o falatório da sala. Eu já estava quase adormecendo quando a porta de meu quarto, que não possuía tranca, foi aberta abruptamente com a repentina entrada do coronel vociferando:

- O que vai acontecer aqui você não vai falar com ninguém porque se não eu lhe mato! Eu não resisto mais de paixão por você, não consigo mais lhe ver passar com esse seu gingado de mulher faceira, por isso você será minha!

Fiquei sem ação diante dele, não tinha para onde correr e me senti acuada.

Percebia seus olhares, mas eu nunca tinha ouvido o coronel dizer essas coisas. Nesta época eu já sabia o que acontecia entre um homem e uma mulher porque minha avó Tina já havia me explicado. Fiquei aterrorizada e demonstrei repulsa, mas mesmo assim o coronel investiu para cima de mim como uma fera alucinada, ele era um homem grande e forte, dessa maneira não tive como escapar da violência com que me possuiu. Saciou-se como um imundo deixando-me jogada feito um trapo em minha cama. Chorei o resto da noite e não passava outra coisa em minha cabeça: depois de tudo isso, como eu seria a mulher de José?! Como eu iria realizar o meu sonho?! Eu não teria mais minha casa nem minha família. Fiquei desesperada, não sabia o que fazer... A noite foi longa e depois de chorar muito, comecei a ouvir o cantar dos galos. Levantei-me e fui cuidar da vida...

Nos meses seguintes, o coronel usando o seu poder, pelo menos uma vez por semana, vinha em meu quarto e me dominava, sempre com brutalidade e me ameaçando caso eu falasse com alguém. Por não ter orientação e não poder falar a ninguém, acabei engravidando e contei ao coronel. Para ele, que tinha muito dinheiro, tudo era simples de se resolver e me disse:

- Nós vamos resolver isto amanhã! Tenha cuidado: se minha mulher souber, eu mato você e aquele rapazelho!

Pegou-me no outro dia bem cedo, dizendo à dona Lindaura que iríamos fazer umas compras, e como ela estava com visitas, não pode nos acompanhar. Levou-me em um local onde havia uma "benzedeira" que fazia remédios. Fiquei na casa desta senhora por três dias tomando seus chás e acabei abortando. Não sei qual foi a explicação que o coronel deu à dona Lindaura e aos demais.

Quando voltei para a fazenda, decidi contar a José o que estava acontecendo, não podia mais ocultar os trágicos fatos, mesmo sentindo medo de sua reação, não suportava mais aquela situação.

José ficou transtornado com meu relato, seus olhos brilhavam de ódio, me desesperei quando ele disse:

- Vou matar o coronel, ele não merece viver, é um canalha!

Tentei tirar essa ideia da cabeça de José sugerindo que fugíssemos da fazenda e construíssemos nossa vida bem longe dali. Mas não consegui, ele queria vingar-se do coronel e começou a espreitá-lo em suas andanças pela fazenda, mas como ele só andava acompanhado dos seus jagunços, ao invés de José matá-lo ele é quem foi morto. A família de José ficou sem saber o que aconteceu de verdade. O coronel contou suas mentiras e o caso foi encerrado. Neste dia, os meus sonhos e a vontade de continuar vivendo naquela fazenda se acabaram. A partir daí eu comecei a alimentar a esperança de fugir, pois não podia nem pensar em continuar suportando aquele homem me possuindo.

Dona Lindaura nem desconfiava do que estava acontecendo, a única pessoa que sabia era a avó Tina e eu disse a ela que queria muito fugir dali.

Em meio à nossa conversa, a avó Tina lembrou que todos os meses vinha até à fazenda um "mascate", e disse-me que falaria com ele a respeito da possibilidade de me levar até a cidade mais próxima. Eu deveria seguir meu caminho, desaparecendo daquele lugar. No dia combinado, veio me buscar. Era madrugada e o mascate estava à minha espera na saída da fazenda, fugi com ele, sem rumo e sem destino. Era um senhor bondoso, se penalizou com a minha história e me tratou bem e respeitosamente durante toda a viagem. Chegando à cidade me deu alguns trocados e disse:

- Tenho que te deixar aqui, preciso continuar meu trabalho e você segue o seu destino, mas foge, foge para bem longe senão o coronel lhe encontra.

Parei na beira da estrada, porque precisava pensar o que fazer, para onde ir. Estava novamente sendo separada das pessoas que estimava e sozinha no mundo. Não sei onde encontrei forças para reagir e continuar vivendo. Meus sonhos se transformaram em pesadelos, pensava em José e pedia para ele me ajudar, pois eu estava com muito medo.

Na minha ignorância, achava que José, por estar morto, poderia me ajudar. O que eu não sabia, era que ele talvez estivesse sofrendo tanto ou mais do que eu.

Muitas vezes pedi a morte para ficar junto com José. Como nos iludimos quando não temos conhecimento...

Sem alternativa

*"A vida não é mais do que uma contínua sucessão
de oportunidades para sobreviver"*

Gabriel Garcia Márquez, escritor colombiano

A partir deste dia passei a ser andarilha, caminhava, parava em alguns lugares e pedia comida, o povo das vilas era muito bom e alguns até me deixavam pernoitar em suas casas, estava sem rumo em busca de um lugar seguro, bem distante da fazenda. Consegui transportes com carroceiros, mascates até chegar em uma pequena cidade do Estado de São Paulo. Descansei um pouco e continuei a andar, me sentindo ainda perdida e sem rumo.

Passei fome, sede e muito medo. Cheguei a um vilarejo e encontrei um senhor de barbas brancas que transportava mercadorias dizendo que ia para perto do mar. Ofereceu-me ajuda e mesmo com receio aceitei, pois não tinha quase nada a perder. Novamente fui bem tratada, esse homem bastante pobre provavelmente vivia enormes dificuldades e mesmo assim, estendeu sua ajuda a uma pessoa completamente por ele desconhecida. De certa maneira, também se arriscou. Em minha vida, não somente nesse período, constatei que os menos abastados são os mais solidários. O famoso escritor Honoré de Balzac estava certo quando afirmou que a avareza começa onde termina a pobreza. Percorrida uma longa distância, chegamos à cidade de Santos, no cais do porto.

Nessa época eu estava com quinze anos, ainda quase uma menina. Fiquei assustada com tanto movimento e continuei a perambular pelas ruas, mendigando comida, dormindo ao relento, nas praias, nas calçadas, nos bancos das praças; muitas vezes bêbados passavam e me assediavam, eu procurava ficar nos lugares mais escondidos buscando proteção. O tempo foi passando e uma noite, sem ter onde dormir, caminhando pelas ruas, faminta, acabei me deparando com um local aparentemente decente.

Com muito receio, bati naquela porta. Atendeu-me uma senhora robusta, uma bela mulata, que disse:

- O que você quer aqui menina?

- Por favor, quero abrigo, trabalho, não tenho onde ficar e estou com fome!

- Você sabe o que é aqui?

- Não sei, mas imploro por um trabalho e também um lugar para morar!

- Aqui menina é um bordel...

- O que é um bordel?

- É uma casa de prostituição.

- Também não sei o que é isso, o que eu sei é que eu preciso de trabalho e um lugar para poder dormir em paz.

- Você está maltratada, é uma moça bonita, irá precisar de cuidados, mas pode entrar, depois eu vou lhe explicando como é o trabalho por aqui.

Entramos e ela me levou a um quarto, era pequeno, porém aconchegante, me deu uma troca de roupa, toalhas limpas para me banhar, depois de limpa me senti renovada e fui me alimentar, agradeci a esta senhora, pois há muito tempo não vivia um momento gostoso como aquela. Ela me levou de volta ao quarto e disse:

- Dorme menina, procure descansar, amanhã conversaremos.

No dia seguinte despertei bem-disposta, a casa estava silenciosa, parece que todos ainda dormiam, resolvi ficar na cozinha e aguardar a senhora que me recebeu para que pudéssemos conversar. Enquanto eu a aguardava, muitas lembranças vieram em meu pensamento, sentia saudades da avó Tina, de José e chorei, pois, mais uma vez estava sozinha e teria que começar tudo de novo. Apesar da tristeza, da saudade e da incerteza do que iria acontecer, sentia gratidão por esta senhora que nem conhecia, por ter me acolhido em sua casa.

Quando a senhora acordou me encontrando na cozinha, disse:

- Já de pé menina? Aqui nesta casa acordamos tarde!

- Vim da roça e lá todos levantam cedo para começar na lida, por isso tenho o hábito de levantar cedo.

- Aqui as coisas são diferentes, mas vamos tomar nosso café da manhã e depois conversaremos.

O café da manhã foi servido em uma mesa grande e farta, onde aos poucos foram chegando várias moças para participar da refeição. Eram alegres, falavam todas ao mesmo tempo, parecia uma festa, e eu olhava tudo aquilo com curiosidade. Elas perguntaram de onde eu vim e me trataram bem.

Terminado o café, a senhora, que me pareceu ser a dona da casa, me levou para o quarto onde havia dormido para conversarmos, e começou dizendo:

- Nós nem nos apresentamos, meu nome é Zulmira, e o seu?

- Eu me chamo Maria Eugênia.

- Quantos anos você tem?

- Estou com 15 anos.

Percebo que você é uma menina simples, ingênua e que não conhece quase nada da vida e principalmente desta que levamos. Gostaria que você me falasse um pouco da sua vida, e por que esta aqui.

Contei minha vida a ela, desde que fui separada de minha família, percebi que ela ficou comovida, e comentou que apesar de minha triste história, deveria tomar coragem, fortalecer minha autoestima e seguir a diante. Portanto, passou a me explicar o trabalho que ela tinha para me oferecer:

- Bordel é uma casa noturna, ou seja, só funciona à noite, frequentada por homens que querem se divertir. E as moças que você conheceu durante o café, são elas que divertem esses homens.

- De que maneira elas fazem isso?

- Além de venderem bebidas, dançam e vendem o corpo.

Eu me desesperei, porque a experiência que tive com o coronel havia sido muito triste, dona Zulmira completou dizendo:

- Este é o trabalho que tenho para lhe oferecer, você terá que fazer o que as outras moças fazem. Tudo o que você ganhar vai ser dividido, uma parte é sua, a outra é da casa. O que eu ouvi me deixou confusa, mas na verdade eu não queria vender o meu corpo.

Pensei comigo mesma, não tenho outra saída, não quero viver na rua e nem passar fome, mas também não é bem essa vida que eu quero para mim, fiquei muito indecisa.

- Aqui, Maria Eugênia é o cais, os navios que atracam neste porto, vem de vários países trazendo marinheiros sedentos de alegria e prazer, e as moças estão aqui para proporcionar tudo isso a eles. Este é o nosso trabalho.

-Dona Zulmira, a senhora me dá uns dias para pensar?

- Sim, pense com carinho, pois é a sua vida que você está decidindo, e a escolha deste caminho não tem volta. Fique por uns dias com as moças, observe o movimento da casa e depois decida.

As moças do bordel penalizadas com a minha situação, me deram roupas e também suas opiniões, procurando ajudar na minha decisão. Fui andar pela redondeza para conhecer o local onde estava e tentar encontrar outro trabalho, não encontrei nada melhor. Era um lugar onde a prostituição predominava e depois de alguns dias decidi ficar na casa de dona Zulmira, sendo a partir esse momento que comecei a viver a vida em um bordel.

Nos primeiros dias apenas descia para o salão para me familiarizar com o ambiente e para que os homens me conhecessem, ficava nas mesas vendendo bebidas e dando atenção aos clientes. Não foi muito agradável no início, mas acabei me acostumando. Passados alguns dias dona Zulmira me chamou e disse:

- Hoje você começa a atender os clientes no seu quarto, pois você está sendo solicitada.

Neste dia, eu estava completando 16 anos e logo que a casa abriu, o movimento era intenso, chegou um coronel. Zulmira queria que eu o atendesse, minha sina era com eles, "os coronéis" e este foi o meu presente de aniversário. Dona Zulmira me chamou de lado e disse:

- Fique tranquila, vá recebê-lo, leve-o para uma mesa, faça-o beber e depois você vai dar o prazer que ele veio buscar.

Senti um asco muito grande, verdadeiras náuseas por ter que permitir que aquele homem desconhecido me tocasse, tive muita vontade de chorar, mas isso naquele momento eu também não podia fazer, porque tinha que aparentar alegria.

Mesmo ela tentando me tranquilizar, fiz isso com muito sofrimento. A partir daquela noite fui me acostumando com a rotina do bordel.

Dona Zulmira era muito boa com todas as moças do bordel, sabia administrar muito bem a sua casa, quando era preciso agia com severidade. Com a rotina de meu trabalho fui ficando mais esperta e experiente, conversava muito com as outras moças aprendendo com elas os macetes da vida que levávamos.

Amor verdadeiro

"O amor é paciente, é bondoso; o amor não é invejoso,
não é arrogante,
não se ensoberbece, não é ambicioso,
não busca os seus próprios interesses,
não se irrita, não guarda ressentimento pelo mal sofrido,
não se alegra com a injustiça,
mas regozija-se com a verdade;
tudo desculpa, tudo crê, tudo espera, tudo suporta"

Carta de São Paulo aos Coríntios

Passei a ser bastante solicitada pelos homens. Era uma mulher linda e assim comecei a ganhar muito dinheiro e dona Zulmira me dizia:

- Menina, você está ganhando um bom dinheiro, está fazendo muito sucesso agradando os clientes, mas o tempo passa e no nosso caso muito mais rápido, por isso é preciso pensar no futuro. Você é livre para gastar como quiser, mas não se esqueça que nosso trabalho exige beleza e exuberância.

Passei a gastar mais com roupas, joias, sapatos e perfumes, nunca repetia o mesmo traje. A minha beleza realçou ainda mais quando comecei a me vestir melhor, não ficava uma noite sem "compromisso". Passei a ser uma das moças mais requisitadas do bordel, aprendi a dançar, montei um espetáculo de dança no qual eu era dançarina principal. O espetáculo e o meu charme rendiam grandes noitadas, havia noites que eu ficava com três ou mais homens.

A nossa liberdade era restrita, nós somente podíamos passear pelas ruas do cais e em alguns lugares do comércio que eram "mais apropriados". Comprávamos nossas roupas onde as senhoras da sociedade não entravam.

Sempre gostei de andar pelas praias e, em minhas caminhadas conheci algumas crianças que perambulavam pelo cais, com quem fiz amizade. Sofriam muito com a pobreza e a miséria, eram catadores de caranguejos nos manguezais. Penalizada com a situação dessas crianças, passei a comprar roupas e alimentos para levarem para suas casas.

No bordel, com o tempo, fiquei mais esperta e passei a lidar melhor com a situação, após a minha apresentação me dirigia às mesas e com meu charme agradava os clientes, fazia-os gastar muito com bebidas, ficavam bêbados, caídos sobre a mesa e com isso não precisava me deitar com eles. Havia noite que eu não queria e não precisava atendê-los, só a minha dança e a venda das bebidas já garantia o lucro da casa, quando não, eu escolhia com quem ficaria a noite.

Havia se passado muitos anos de minha fuga da fazenda do coronel Odorico, eu nunca mais ouvi falar dele, mas como o ódio estava dentro de mim, me vingava nos outros, os embebedava e deixava-os caídos feito porcos, amanheciam nas mesas.

Uma certa noite, quando estava apresentando meu espetáculo de dança, vi entrar no bordel um gringo que me chamou a atenção, pois era todo garboso, bonito, vestido de branco, louro, alto e muito lindo, era um marinheiro alemão, comandante de um navio. Nessa época eu esta com mais de vinte anos, no auge da minha beleza, e ele sentou-se à mesa sozinho e ficou admirando minha dança. Quando terminei ele disse para a Zulmira que queria falar comigo. Por muitas viagens que ele havia feito ao Brasil, falava pouco a nossa língua, mas dava para compreendê-lo.

Fui até sua mesa, e ele sendo um cavalheiro, levantou-se e me convidou para sentar. Apresentou-se dizendo que seu nome era Fritz, eu disse:

- Fritz! Isso é nome?!

- No meu país sim, e você, como se chama?

- Meu nome é Maria Eugenia, mas todos me chamam de Geninha.

Eu estava extasiada com a beleza daquele homem, elegante, educado e cortês, tão diferente dos outros homens que frequentavam o bordel. Ficamos conversando, bebendo, fui dançar novamente, voltei para a mesa e ele me contou de sua terra, suas viagens, falou sobre sua família, esposa e filhos.

Depois de falar sobre sua vida, me olhando fixamente, disse:

- Há alguma coisa em você que me encantou, além de sua beleza... Também é forte e verdadeira, sabe o que quer, sem perder a graça e a sensualidade.

Sempre admirei a inteligência em um homem e Fritz, além de ser inteligente, sabia conquistar uma mulher. Era galanteador, sem ser vulgar, era simples e elegante ao mesmo tempo, cativava muito bem uma mulher e dessa forma não pude fugir aos seus encantos...

Naquela noite ficamos só bebendo e conversando, ele me disse que teria de fazer uma viagem e voltaria em breve. Recolhi-me aos meus aposentos pensando naquele homem tão especial.

No bordel quem queria um aposento melhor tinha de pagar por ele e eu podia pagar. Fiz do meu quarto um ambiente bastante agradável e acolhedor, decorando com tules, rendas, cortinas e almofadas coloridas, o meu recanto era maravilhoso.

Passaram-se alguns meses e Fritz retornou carregado de presentes, quando me entregou, disse:

-Você tem que se vestir como uma rainha, pois é assim que a vejo!

Depois de todos esses agrados, eu o levei para o meu quarto e esta foi a primeira vez que eu me senti amada e a primeira vez que eu me senti mulher, com todo o carinho que ele me tratou. O dia amanheceu e continuamos em meus aposentos nos amando e nos conhecendo melhor, só quando estava entardecendo é que descemos para o salão e nos despedimos, pois Fritz partiria naquela noite. Em sua despedida, ele me disse:

- Eu quero você comigo, um dia eu lhe tiro daqui. Preciso acertar algumas coisas na minha vida e depois, não volto mais para minha pátria.

Foi inevitável, me apaixonei por este homem loucamente, existiam outros homens e até um coronel que queria me dar uma casa e me tirar do bordel, mas eu tinha que me submeter ao seu mando, seria só dele e nem poderia sair de casa. Não aceitei, pois preferia ser de muitos e continuar com a minha liberdade.

A nossa vida no bordel era boa, havia entre nós muita amizade, companheirismo, nos dávamos muito bem. Por ganhar bem, fui me acostumando com o luxo novamente, despertando as reminiscências do passado onde me sentia uma rainha. Dormia quando o dia estava amanhecendo, acordava por volta do meio-dia, me alimentava com frutas, mas antes disso tomava o meu champanhe. Quando o dia estava ensolarado, saía sozinha a procura de uma praia deserta para me banhar nua, como uma sereia, aqueles momentos em contato com a água eram muito prazerosos.

Certo dia, em um desses meus banhos, percebi que estava sendo observada. Os marinheiros me descobriram e quando eu me dei conta eu tinha uma plateia assistindo o meu banho, fiquei enlouquecida, me vesti rapidamente e saí muito brava e eles aplaudiram, alguns gringos que faziam parte desta plateia gritaram:

- Esse é um espetáculo que nunca vamos esquecer!

E eu esbravejando respondi:

- Mas aqui não vão ver mais!

Mas não deixei de fazer meus passeios na praia e tomar meu banho nua, não me importando com a plateia...

Cometi muitos enganos em minhas muitas vidas, mas também sei que tenho qualidades e uma delas é ser verdadeira, procuro fazer o que gosto e respeitar o outro. Tomar um banho de mar nua era um prazer e a natureza nunca me proibiu...

Existe felicidade?

"Tudo é precioso para aquele que foi, por muito tempo,
privado de tudo"

Friedrich Nietzsche, filósofo alemão

Entre aquelas famílias que eu auxiliava, fiz amizade com um molequinho muito simpático, que apesar de muito pobre, era uma criança feliz. Aquele molequinho que passei a gostar tanto, nunca vou esquecer seu nome, Ariovaldo, eu o chamava de Valdinho.

Com o passar do tempo, pedi a ele para me levar à sua casa, queria conhecer sua família.

Chegando à casa de Valdinho, fiquei abalada com tamanha pobreza, que me fez recordar a minha terra e aquela miséria toda em que vivíamos. Fui apresentada à sua família, sua mãe era uma pessoa muito simples que me acolheu com carinho. Seu nome era Sebastiana, mas todos a chamavam de Tiana. Conversando fiquei sabendo que bordava e costurava muito bem.

Passei a frequentar aquela casa e ajudá-los naquilo que eu podia, fiz ali amigos sinceros. Comecei a levar meus tecidos para Tiana costurá-los. Ficaram lindos. As moças do bordel passaram também a fazer suas roupas com ela, o que colaborou para eles melhorarem de vida. Ela me agradecia tanto, mas tanto, que até chorava de alegria. Encontrei em Tiana uma grande amiga, me sentia muito bem com eles e quando eu queria me sentir fazendo parte de uma família, eu ia procurá-los.

Valdinho recolhia caranguejo na praia, era um rapazinho, estava com treze anos. Certo dia fui chamada no bordel por um amigo do

Valdinho, dizendo que Tiana estava aflita me pedindo para ir à sua casa com urgência. Assim que cheguei, ela me abraçou chorando e disse:

- Valdinho não voltou ontem à noite para casa, já o procuramos por todos os lugares e não o encontramos, não sabemos mais o que fazer!

Eu me desesperei porque tinha muito carinho por aquele menino, saí enlouquecida pedindo aos marinheiros que me ajudassem a procurá-lo, e ao entardecer, numa praia distante, seu corpo foi encontrado, morreu afogado.

Toda a família de Valdinho, eu e principalmente sua mãe, passamos por uma dor infinita, foi imensamente triste perder aquele menino que já fazia parte da vida de todos, inclusive da minha, eu o tratava como a um irmão e até como um filho, comprava suas roupas e brinquedos, gostava muito de vê-lo feliz.

O corpo de Valdinho foi levado para a casa da família e naquele dia não trabalhei, fiquei lá a noite toda velando aquele corpinho, acompanhei o seu enterro ao lado de Tiana e naquele local deixamos nosso menino. Este fato fez com que eu e Tiana nos aproximássemos mais uma da outra.

Sofri muito com a perda de Valdinho, o que me confortava era saber que logo me encontraria com Fritz e em seus braços teria o consolo que precisava naquele momento.

A paixão que sentíamos um pelo outro estava grande e avassaladora, eu o esperava com muito entusiasmo.

Estava me aproximando dos trinta anos e comecei a ter problemas de saúde, recorria a uma benzedeira e melhorava, ela me disse que eu estava com doença de homem, me deu ervas para fazer uns banhos e com isso melhorei.

Quando Fritz chegou de viagem contei a ele sobre minha doença, levou-me ao médico, e esta foi a primeira vez que fui atendida por um profissional da saúde. Após o exame ele me disse que o problema estava bastante avançado, que era doença venérea. Receitou alguns remédios dizendo que eu teria que parar por uns tempos de trabalhar e só poderia dançar.

Fritz teve muita paciência comigo, falou que se eu me cuidasse logo estaria bem, melhorei rapidamente e assim que tive alta retornei às minhas atividades. Apesar da compreensão, ele não gostava do meu trabalho, sentia muitos ciúmes, e quando ia embora chorava...aquele homem grande chorando por me deixar ali entregue à minha própria sorte, dizendo que ainda não podia me levar...

Na sua última viagem, Fritz demorou um período maior para retornar, porque seu filho, que morava na Alemanha, havia morrido e ele precisou ficar mais tempo com sua família. Com esse acontecimento não poderia ficar muito tempo comigo, pois teria que resolver algumas pendências na região onde morava. Durante sua ausência adoeci de novo, e quando ele chegou ficou muito preocupado, porque eu não estava nada bem, voltamos novamente ao médico, e foi constatado que o problema era tuberculose.

Antes de partir, Fritz pediu para que me cuidasse e que ao retornar, iríamos resolver nossa vida, prometendo que ficaríamos juntos. Ele estava comprando uma casa em um local muito bonito, distante da cidade. Disse-me que da varanda poderíamos avistar o mar todas as manhãs e que ele pintaria as paredes da casa todas de branco e as janelas azuis, era neste paraíso que viveríamos o nosso amor.

Fritz havia trabalhado por longos anos e já podia parar de trabalhar e solicitar a dispensa em seu país, fiquei muito feliz e na expectativa, mas a minha saúde continuava frágil, meus pulmões já estavam fracos e eu me sentia bastante debilitada. A minha rotina no bordel mudou, algumas noites dançava e me recolhia, porque não aguentava mais. Naquela época uma mulher com trinta anos, que passava as noites em claro, na boemia, não poderia ter boa saúde.

Zulmira, a dona do bordel, já idosa e doente, havia se afastado do trabalho e acabou falecendo, em seu lugar ficou Augusta, que era uma das moças mais velhas da casa.

Fritz estava demorando para voltar e a cada dia me sentia mais fraca, não aguentava mais dançar e pouco saía do quarto. Em uma noite fria, Fritz retornou feliz e cheio de presentes, mas quando me viu naquele estado se desesperou, estava tão fraca que não conseguia ir ao médico, ele teve que vir até o bordel me consultar. O médico, me olhando com carinho, disse que eu ficaria bem, mas para Fritz acredito que falou a verdade, ou seja, que eu não tinha muito tempo de vida, pois estava com doença venérea e a tuberculose que havia se agravado. Ele ficou comigo, esperando a minha melhora, para que finalmente pudéssemos realizar nosso sonho de vivermos juntos, só que eu não melhorava, mas sim piorava a cada dia.

Os meses foram passando e eu fui enfraquecendo, Fritz ficava comigo o tempo todo. Tiana, nas suas visitas, me fazia caldos, me banhava na cama, e fui percebendo que não tinha muito mais tempo de vida.

Em uma tarde, pedi a Fritz para chamar as moças, pois queria falar com elas. Quando entraram em meu quarto, pedi que se acomodassem e que Augusta pegasse minhas coisas: joias, roupas, sapatos, perfumes, em fim tudo. Senti cada uma das minhas amigas e fui presenteando-as com os meus pertences, depois pedi à Augusta que pegasse também o baú onde eu guardava as minhas economias, dei uma parte a cada uma das moças e a parte maior deixei com Tiana e pedi a ela:

- Tiana, você me conhece e sabe o porquê desta reserva e sei que você vai encaminhar esse valor como se fosse eu.

Ela sabia que eu tinha muito carinho por aquelas crianças que perambulavam pelo cais e o meu sonho era fazer alguma coisa por elas.

Naquela noite o bordel não abriu, apesar de ser uma sexta-feira, quando o movimento é bem maior. Nesse dia uma pessoa permaneceu na entrada dispensando os clientes. As moças continuaram em meu quarto vivendo comigo meus últimos momentos.

Em minha mente vinham muitas lembranças de minha vida, o que fiz e o que deixei de fazer, uma retrospectiva, me lembrei de pessoas que já não faziam parte mais de minha vida, umas com carinho e outras com tristeza, mas sentimento de raiva eu não nutria.

Lembrei-me de minha convivência com as moças, revivendo momentos felizes e tristes que passamos juntas e, olhando para elas, sentia que do seu jeito cada uma orava por mim, a tristeza era muito grande, foi neste momento que percebi o quanto eu era querida e isto me deu forças para me despedir da vida. Fritz só chorava, não conseguia dizer nada, seu olhar era triste, vazio e distante, aquele homem forte, valente que venceu tantas batalhas no mar, superou a morte do filho, mas naquele momento ele se sentia perdido.

Enquanto me restavam algumas forças, segurei as mãos de Fritz e pedi a ele que voltasse à sua pátria e para sua família, que continuasse sua vida. Um dia, ficaríamos juntos, eu o amava, era a pessoa mais importante para mim. Ele nada me falou, com lágrimas nos olhos abaixou a cabeça e ficou à espera de minha partida.

Fritz, como eu, sonhou um dia que poderíamos ficar juntos. Ele queria realizar meu sonho de ter um Lar, o que eu nunca havia tido. Sei que ele sofreu muito com a minha partida, infelizmente o trem de minha vida veio primeiro e não tinha lugar parar ele...

Era um homem equilibrado e sensível ao sofrimento alheio, procurou fazer o seu melhor até o fim da própria vida.

Não nos deixamos de amar e nos amamos sempre como se fosse o primeiro dia, como se estivéssemos no primeiro olhar. Estamos hoje à espera de uma nova oportunidade, um novo momento para construirmos nossa casa com paredes brancas e janelas azuis e assim continuarmos nossa jornada.

De volta às origens

"Tão bom morrer de amor! E continuar vivendo..."

Mário Quintana, poeta brasileiro

A noite caindo, o sol havia se apagado e o meu sol também já estava se apagando; tive uma violenta crise de tosse, o sangue jorrava de minha boca e as minhas forças se esvaindo; senti que aqueles eram meus últimos momentos de vida, os meus olhos se abriam para uma visão que era belíssima, alguém que eu não sabia quem era, estava a minha frente com suas mãos estendidas me dizendo:
- Venha minha filha não tenha medo, confie em mim.

Segurei naquelas mãos e senti a força que vinha daquela pessoa, olhei para todos que estavam ao meu redor, olhei mais uma vez para o meu quarto e o meu último olhar foi para Fritz e ao mesmo tempo fixei meu olhar para aquele ser que me estendia as mãos e não consegui dizer mais nada, meus olhos se fecharam para sempre. Maria Eugenia já não existia mais, restou apenas aquele corpo sem vida, sem reação e sem luz. Meu espírito não ficou no local, assim que me desliguei do corpo, aquele ser me retirou dali para me poupar sofrimentos maiores.

Apesar de todo o amparo que recebi na hora do desencarne, isso não me livrou da passagem pelo umbral, me senti perdida naquele lugar, era feio, triste e só ouvia gritos, choros e lamurias, estava muito fraca e com muito medo, o frio que sentia enquanto estava encarnada, se potencializou e eu não conseguia um lugar onde pudesse me aquecer e livrar-me daqueles gritos. Criaturas como eu perambulavam de um lado para o outro, se afundavam na lama, arrastavam-se e levantavam com dificuldade, caindo novamente. Fiquei neste estado de inércia não sei por quanto tempo, tentava buscar aquela imagem bonita que vi no momento do meu desencarne e pedia ajuda a ele. Lembrava-me das orações que minha mãe me ensinou quando eu era pequenininha e repetia constantemente aquelas palavras, o que me trazia um certo conforto e com muito esforço me levantava, caminhava naquele local e para qualquer lugar que eu fosse, o cenário era sempre o mesmo.

Recordava de algumas cenas da minha vida, mas aos poucos as lembranças foram se apagando e a cada dia me sentia mais confusa. Neste local perde-se a noção de tempo, comecei a perceber que alguns que ali estavam me chamavam para que eu ficasse com eles, acabei me unindo a este grupo e eles me levavam para outros lugares me dizendo o que eu deveria fazer. Por algum tempo acatei suas ideias, mas não era o que eu queria fazer e eu continuava infeliz.

Em alguns momentos conseguia ver alguns seres mais claros e iluminados, mas esta visão durava pouco e eu me sentia só e desamparada novamente. Um dia me senti atraída pela energia de uma pessoa encarnada e esta força foi me envolvendo até que me aproximei de uma senhora simples e ignorante, que fazia seu trabalho espiritual com bastante simplicidade achando que estava realmente auxiliando as pessoas que a procuravam, mas infelizmente não era bem isso. E eu optei por ficar próxima a ela, pois ali era melhor do que o lugar onde eu estava e por isso eu fazia tudo que ela me pedia para não ter que voltar para aquele local onde só existia escuridão e sofrimento. Com o passar do tempo, com muita sutileza, percebia alguns pontos de luz que me atraiam, mas eu, na minha ignorância, sentia medo. Aos poucos, comecei a ver que esta luz era uma moça muito bonita e que, percebendo que eu estava enxergando-a, passou a me chamar. Ignorei esse chamado algumas vezes, mas um dia resolvi atendê-la, ela se aproximou carinhosamente, me dizendo coisas tão lindas e também me perguntou se eu gostava da vida que estava levando. Senti-me encorajada com suas palavras e respondi com firmeza dizendo:

- Não, eu não gosto, estou triste, muito triste, mas não tenho outra opção, porque não quero voltar para o lugar de onde fugi.

E ela me disse:

- Meu nome é Maria Flor, estou atendendo um pedido de um ser que lhe tem muito amor, e como o meu trabalho é recolher espíritos perdidos que precisam de ajuda, estou aqui para te oferecer uma nova oportunidade.

Não conhecia essa amiga, mas me senti muito bem em saber que em algum lugar existia alguém que se preocupava comigo, e perguntei a ela:

- O que preciso fazer para mudar de vida e ir para outro lugar melhor?

- Confiar em mim e segurar em minhas mãos.

A mão desta moça era macia, muito graciosa, irradiava luz, senti vergonha em tocar suas mãos, pois as minhas estavam sujas e magras. Ao sentir o seu toque estremeci, e naquele momento eu perdi o sentido, quando despertei estava em um quarto grande com muitas camas, era um lugar simples, limpo e acolhedor, estava em um leito macio e ao meu lado estava aquela moça bonita, dona Flor. Ela me falou que eu iria ficar lá por algum tempo até me refazer. Visitava-me todos os dias e a sua presença me fazia muito bem. Conversávamos muito e nestas conversas despertou em mim a vontade de trabalhar, mas não comentei nada com dona Flor e em uma de suas visitas, ela me disse:

- Vejo que você está melhorando rapidamente, está forte, bonita e sinto que você deseja retribuir o bem que vem recebendo, portanto gostaria de lhe oferecer um trabalho, o que acha?

Fiquei assustada por ela saber o que eu estava sentindo, sem ter dito nada a ela e respondi:

- Sim, gostaria. Se você acha que estou preparada, eu confio no que você tem para me oferecer!

Dona Flor me levou para conhecer uma casa espírita no plano terreno, de nome Flor do Campo, onde começou a minha aproximação com a pessoa que, que na época, era a dirigente espiritual daquela casa a qual até hoje estamos caminhando juntas e a quem devo a oportunidade de contar minha história. Gostei do local, me senti bem e passei a acompanhar os trabalhos da casa. Ouvia as palestras e fui me harmonizando com a Guiomar, pessoa responsável por todos os trabalhos e por meio da qual a Maria Flor se manifestava como mentora espiritual. Passei a conhecê-la melhor, pois iríamos trabalhar juntas. Não me sentia a altura, mas dona Flor sempre me encorajando e dizendo que juntas faríamos um belo trabalho. Já se passaram vários anos e hoje estamos mais harmonizadas, aprendi muito com este trabalho que fazemos juntas. Tive muitas oportunidades na espiritualidade, me abri para o conhecimento, queria aprender a irradiar luz às pessoas necessitadas, pois traz felicidade e alegria, mas não é igual a que sentimos na terra, é um sentir diferente. Meu agradecimento infinito, imensurável a todos os amigos que conheci na minha vida encarnada. O meu agradecimento a todos os amigos da espiritualidade que nunca deixaram de me amar. A Jordan este ser que não tenho palavras para expressar o que sinto, o jeito de agradecê-lo é o amor que sinto por ele, que sempre esteve presente em todas as vidas que me recordo. Dona Flor, depois que ela me ofereceu o trabalho e me perguntou se eu não me lembrava dela, eu não sabia qual a magia que usavam para despertar a minha lembrança, foi quando ela disse:

- Eu sou Catarina um espírito amigo que um dia você vai estar pronta para recordar a nossa história.

Naquele momento eu senti que a conhecia e que tinha muito carinho por ela, mas quando eu comecei a contar a minha história, aqui no livro, é que veio a emoção, foi nesse momento que me lembrei dela e de Jordan. A minha gratidão a todos que acompanharam os relatos das minhas vidas, eu sei que tudo tem um momento certo e a vida vai tecendo suas teias para que aquelas lembranças apagadas possam clarear e trazer uma nova consciência, o meu agradecimento sincero ao senhor da vida, à Luz Maior que brilha na vida de todos.

Se eu fosse relatar o nome de todos que me apoiaram na espiritualidade, teria que escrever outro livro, porque foram muitos os que auxiliaram e me ensinaram a despertar para a verdadeira vida.